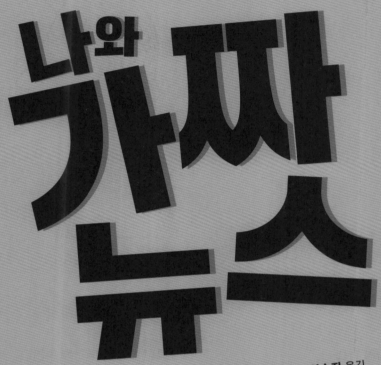

나와 가짜 뉴스

네레이다 카리요 글 | 알베르토 몬트 그림 | 임수진 옮김

너머학교

차례

제 1 장

가짜 뉴스
가짜 뉴스란 무엇일까요?

딥페이크, 아스트로터핑, 미스인포메이션, 인포데믹에 대해
들어 본 적이 있나요? 가짜 뉴스에 대해 얼마나 알고 있어요?
이 장에서는 우리 주변에 있는 허위조작정보를 얼마나 알고
있는지 점검해 보고, 단어를 통해 더 알아볼 거예요.

퍼즐 맞추는 거 좋아해요? 아마 많이 해 봤을 거예
요. 어떤 것은 무척 어려워 힘들지만 모두 다 맞췄
을 때의 기분은 날아갈 듯 좋아요. 정보를 얻는 것
도 퍼즐을 맞추는 것과 같아요. 퍼즐 조각을 다 맞
추어 그림을 완성하는 것은 쉽지만은 않아요. 먼저
색깔에 따라 조각들을 분류해 두는 것도 좋은 방법
이에요. 비슷한 모양인데도 맞지 않을 때도 많죠.
가짜 뉴스도 그렇습니다. 전체 그림을 제대로 보는
것을 방해해요.

퀴즈

우리 가까이에 있는
허위조작정보

간단한 퀴즈로 슬슬 예열해 볼까요?
자, 다음 문제를 풀어 보세요.

1. 예전 시간표를 보고 버스가
제시간에 오지 않는다고
생각한다면 이 정보는…

A. 오보
B. 악성 정보
C. 인포데믹

2. 왓츠앱 채팅방에서 누군가가
외모를 이유로 다른 사람을 모욕하고
이것을 널리 퍼뜨린다면…

A. 쉘로우페이크
B. 편향
C. 악성 정보

3. 구글 이미지에서 CEO 단어를
검색했을 때 주로 남성들의 사진이
나온다면 이것은…

A. 알고리즘
B. 헤이터
C. 봇

4. 소셜 미디어에서 떠도는
루머와 정치적 주장을 검증하는
사람들을 일컫는 말은…

A. 아스트로터퍼
B. 팩트체커
C. 봇

5. 인공지능을 이용해 영상이나
음성을 조작하는 것을 부르는 말은…

A. 딥페이크
B. 칩페이크
C. 정보 질식

6. 누군가 이주민을 향한 증오심을
부추기려고 조작된 사진과 영상을
계속 보낸다면 그들은 어떤 선전
활동을 하는 걸까요?

A. 허위조작정보
B. 오보
C. 딥페이크

풀이는 112쪽

단어 해설

퀴즈는 어땠어요? 질문의 답을 모두 맞혔나요? 음, 틀려도 괜찮아요. 다음의 단어 해설을 통해 배울 수 있으니까요.

가짜 뉴스 가짜 뉴스라는 말이 널리 쓰이고 있지만 그다지 엄격하지는 않아요. 언론인들은 정보를 뉴스로 가공하기 전에 대조해야 합니다. 어떤 거짓말도 뉴스로 나갈 수 없고, 어떤 거짓 요소도 뉴스에 포함되어서는 안 되니까요. 가짜 뉴스는 의도적으로 만든 것이고, 중립적인 표현을 사용하지 않아요. 그래서 여러분이 거짓 정보를 믿게 만들고 언론 매체 및 언론인들에게까지 전달해 언론의 명예를 떨어뜨리게 합니다. 거짓 정보는 뉴스형식으로 만들어지기도 하지만, 사진, 영상, 트위터 등의 형태로도 존재합니다.

허위조작정보 그렇다면 허위조작정보에 대해 알아야겠죠? 허위조작정보란 부정확하고 기만적인 거짓 정보를 의도적으로 널리 퍼뜨리는, 즉 속일 목적의 정보를 말합니다. 이건 정말 위험해요. 우리 사회의 민주주의, 공중 보건 등에 해를 끼치니까요.

오보 누군가가 사실로 믿고 퍼뜨리는 거짓 정보를 말합니다. 이 경우는 그 사람이 실수로 그런 거예요. 우리 모두에게 일어날 수 있는 일이기도 해요. 그러므로 우리도 의도치 않게 문제를 일으키는 데 가담할 수 있어요. 그만큼 사람들을 혼란스럽게 하고 유익하지 않은 틀린 정보가 우리 주변에 많다는 뜻이겠지요. 그래서 오보가 퍼지기 전에 더 주의하고 확인해야만 해요.

정보 무질서 정보는 우리가 사는 세상만큼 복잡해요. 그래서 문제를 만들어 낼 수도 있어요. '정보 무질서'는 인터넷, 소셜 미디어, 기타 매체를 통해 우리에게 전해지는 정보의 혼란을 말합니다. 이것은 일상생활에서 문제를 일으키기도 해요. 허위조작정보 연구 및 디지털 검증 분야의 권위 있는 기관인 퍼스트 드래프트(First Draft)에 따르면, 정보 무질서에는 허위조작정보, 오보, 악성 정보가 있다고 해요.

악성 정보 개인이나 공동체에 해를 끼치는 정보를 말해요. 예를 들어 괴롭힘, 불법 촬영 동영상, 모욕, 혐오 발언 등입니다. 우리는 절대 그것을 같이 계획해서도 안 되고, 퍼뜨려서도 안 됩니다. 고통받는 사람들에게 공감하면서 돕고, 괴롭히는 사람들을 멈추게 해야 해요.

오보

허위조작정보

악성 정보

트롤

봇

헤이터

인터넷 공간의 포식자들

봇 자동화 계정을 뜻해요. 봇 자체에는 문제가 없지만, 이러한 유형의 계정은 일반적으로 소셜 미디어에서 허위조작정보 전파와 선동을 목적으로 생성된 자동화된 봇이에요. 바로 여기에 문제가 있습니다. 봇 공장은 팔로워를 늘리거나 거짓말을 퍼뜨리기 위해 가짜 계정 봇을 사고파는 사업을 말해요.

트롤 트롤링만 하는 계정을 뜻합니다. 트롤링은 인터넷에서 누군가를 괴롭히고 자극하고 비판해서 화나게 하는 것을 말해요. 트롤은 주로 익명 계정 뒤에 숨어 있어요.

헤이터 증오심으로 행동하지만, 익명으로 숨지 않아요. 그들의 적개심은 특정한 사람이나 사물을 더 집중 공격하는 경향이 있어요.

딥페이크 인공지능을 이용해 제작되거나 조작된 가짜 이미지, 오디오, 비디오를 말해요. 믿을 수 없을 만큼 정교하게 진짜처럼 합성하더라도 가짜임을 알아낼 수 있어요.

셸로우페이크와 칩페이크 저렴한 비용으로 조작된 오디오와 비디오를 말해요. 사람이 손으로 조작한다는 뜻에서 셸로우페이크 혹은 칩페이크라고 합니다. 요즘은 사람보다 기계가 더 정교하게 우리를 속일 수 있게 되었어요.

누가 진짜 사람일까요?

딥페이커들은 정교하게 사람의 눈과 귀를 속여요. 딥페이크로 조작하면 얼마나 똑같은지 알 수 있도록 여러분에게 게임을 제안하려고 해요. www.whichfaceisreal.com 사이트로 가 보세요. 사람이 찍힌 사진이 있습니다. 이것을 보고, 사진 속 인물 중 누가 진짜이고 누가 가짜인지 찾아보세요. 그렇게 쉽지 않을 겁니다. 사진 속 한 명이 존재하지 않는 사람이라는 경고가 없었다면, 소셜 미디어에서 보았더라도 알아채지 못했을 거예요.

프로파간다 특정 정치적 입장을 받아들이도록 대중을 선동하기 위해 만들어진, 거짓인지 확인되지 않은 정보를 말해요. 거짓말과 허위조작정보도 선동 전략이에요. 이러한 정보는 갈등 상황에서 한쪽은 매우 좋고 앞서고 있고, 다른 쪽은 매우 나쁘고 뒤처진다는 것을 보여 줘요. 21세기에는 소셜 미디어를 통해 수많은 프로파간다가 유통되고 있어요.

아스트로터핑 언론인과 다른 대중들을 속이기 위한 가짜 정보를 널리 퍼뜨리는 거예요. 이 가짜 정보는 무작위로 다양한 계정을 통해 배포되는데, 가짜 일반인을 모집해서 특정 인물, 회사, 이슈에 호의적인 발언을 하게 해 자연스럽고 유기적인 상호작용으로 보이도록 해요.

이 단어의 어원은 천연잔디를 모방하는 미국의 인조잔디 제조 브랜드에서 왔어요. 인터넷에서 일어나는 사회적 반응이 자발적이고 자연스러워 보이지만, 사실은 만들어진 상호작용이에요.

인터넷은 방대한 정보에 접근할 수 있게 해 줘요. 그건 정말 좋은 일이지만, 때로는 매우 피곤한 일이에요. 우리는 정보에 압도당하지 않도록 확실한 출처를 선택하고 꼭 필터를 사용해서 혼돈에 빠지지 않도록 바로잡아야 합니다. 정보의 과잉 앞에서 건강한 정보 다이어트는 꼭 필요합니다.

휴대폰이 울리지 않아서 만지작거린 적이 있나요?
인스타그램이나 유튜브에 올라오는 모든 게시글을 놓치고 못 볼까 봐
혹은 카카오톡 메시지를 전부 읽을 시간이 없을까 봐 걱정인가요?
그렇다면 여러분의 이런 반응은 이상한 게 아니에요.
그것은 '인포데믹' 혹은 '정보 질식'이
일으키는 감정이니까요.

인포데믹 정보가 필요할 때 검증할 수 있거나 가치 있는 정보에 접근하기 어렵게 만드는 정보의 과잉을 말해요. 세계보건기구(WHO)는 코로나19 팬데믹 초기에 이 개념을 매우 자주 사용했어요.

정보 질식 이 용어를 처음 쓴 사람은 알폰스 코르넬라 사의 혁신 컨설턴트예요. 정보 과다를 알리기 위해 수십 년 전에 만든 말입니다. 그 당시에는 소셜 미디어가 존재하지 않았지만 이메일을 통한 끊임없는 공격은 이미 있었거든요.

피싱 전화기를 선물로 준다는 메시지를 받았나요? 택배가 왔는데 받는 사람의 정보가 필요하다는 문자가 왔습니까? 은행에서 이메일을 받았나요? 조심하세요! 어떨 땐 광고이거나 보내는 사람이 확실한 메시지인 듯 보이지만, 실제로는 사기입니다. 이처럼 여러분을 속여서 개인 정보를 도용하고, 돈을 갈취하기 위해 개인 정보를 요구하거나 악성 링크를 클릭하도록 유도해 장치에 바이러스를 유입시키는 것을 '피싱'이라고 합니다. 절대 클릭하지 마세요. 여러분의 정보를 제공하지도 마세요. 허위 광고에 주의하시기 바랍니다!

알고리즘 특정 작업을 수행하기 위한 일련의 지침이나 절차를 말해요. 예를 들어 구글에서 검색을 하면 알고리즘은 결과를 알려 줄 때까지 수행해야 하는 모든 내부 절차를 표시해요.

알고리즘은 우리가 원하는 작업을

자동으로 수행해서 편하지만, 논란을 일으키기도 해요. 검색 엔진과 소셜 미디어에서 알고리즘은 우리에게 표시되는 콘텐츠를 결정합니다. 그러나 불투명성과 성별, 인종 등에 대한 편견이 드러나고 있다는 점에서 비판받고 있어요.

양극화 인터넷의 알고리즘은 우리를 계속 끌어들이기 위해 우리가 좋아할 만한 것들을 제안해요. 우리를 불편하지 않게 하면서 우리가 좋아한다고 믿는 것을 더 좋아하게 만드는 콘텐츠만을 제공하는 거지요. 그러나 이것은 양극화를 만들어서 문제예요. 양극화란 의견이 서로 섞이지 않고, 의심이나 추론 없이 단정 짓는 불투명한 판단일 뿐만 아니라 소통 없이 양극단에 의견이 위치하는 것을 말합니다.

검증 혹은 팩트체킹 언론에서는 정보 대조를 위해 오래전부터 해 오던 거예요. 그런데도 현재는 언론사 기자뿐만 아니라 관련 기관, 팩트체커, 즉 검증자로 일하는 전문가들도 인터넷에 떠도는 거짓말과 루머 검증을 위한 정보 대조를 꼭 해야 합니다. 정치인과 행정가 등도 그들의 발언과 연설에서 말하는 내용이 사실인지 아닌지를 확인해야 해요.

한국의 검증자
SNU팩트체크(SNU FactCheck)

스페인의 검증자
말디타(Maldita), 뉴트랄(Newtral), 베리피캇 (Verificat), 에페 베리피카 (EFE Verifica), 베리피카 라디오텔레비전방송(VerificaRTVE), 체케아도 이 콜롬비아체크(Chequeado y Colombiacheck) 등

국제사회의 검증자
국제 팩트체킹 네트워크에서 아주 많은 단체들이 활동하고 있어요.

제 2 장

늑대와
피노키오

누가, 왜 우리를 속일까요?

혼나거나 놀림을 당하지 않으려고
한 번쯤은 거짓말을 한 적이 있죠?
하지만 거짓말이 너무 커져서
해를 입힌다면요……,
"휴스톤, 문제가 생겼다."

삐, 삐. 가족 채팅창에 메시지가 울립니다. 삐, 삐. 누군가 여러분의 인스타그램 게시물에 댓글을 남겼군요. 삐, 삐. 수업 과제 이메일이 왔어요. 오늘날 정보는 어떤 제재도 받지 않고 24시간 우리를 검색하고 포착해요. 전 세계 정보의 원천에서 만들어지는 수백만 개의 정보에 언제든지 접근할 수 있게 해 준 소셜 미디어와 휴대폰은 양날의 검입니다. 그것들은 우리에게 놀라운 콘텐츠를 보여 줘요. 다른 한편으로는 우리를 혼란스럽게 하고 우레와 같은 사기와 거짓말 알림의 폭풍 속으로 몰아넣죠.

양극화

오보

피싱

허위조작정보

인포데믹

이전 세대는 부정확하고 불필요한 정보를 걸러내 풍부하고 유용한 정보로 만든 뒤 미디어를 통해 정기적으로 알렸습니다. 그러나 지금은 검증된 데이터뿐만 아니라 확인되지 않은 정보까지 인터넷을 통해 떠돌고 있습니다.

소셜 미디어는 의사소통을 위한 훌륭한 도구지만 정보 과잉, 오보, 알고리즘 양극화 심화와 같은 어두운 면도 있어요. 따라서 넘쳐나는 정보가 이미 검증받은 다원적이고 유용한 전문 정보인지 아닌지 구분하지 못한다면 편향되고 잘못된 세계관이 형성될 수도 있어요. 또 정보가 제대로 전달되지 않는다면, 어떻게 질병을 예방할 수 있고, 직업을 선택할 수 있으며, 투표할 수 있을까요?

21세기의
늑대와 피노키오는
어떤 사람들일까요?

여러 가지 이유로 우리를 속이거나 혼동을 줄 수 있는 사람들이 많이 있습니다. 오보를 퍼뜨려서요. 하지만 모두 의도해서 그런 것은 아니에요. 그런 의미에서 보면 **이 세상 사람들 모두가 우리를 속일 수 있어요.** 여러분이 좋아하는 여러 인플루언서들이 퍼뜨린 정보가 거짓으로 드러나기도 해요. 그런데 거짓임을 알지 못한 채 그 거짓 정보를 퍼뜨린 경우도 많아요. 신뢰하고 존경하는 사람들과는 정서적 유대감이 크고 믿음도 강하니까요. 여러분도 그런 경험이 적어도 한 번은 있을 거라고 확신해요. 할머니,

삼촌, 형제자매들이 있는 단체 채팅방에는 얼마나 많은 오보가 있을까요?
그러나 실수가 아닌 정치적, 경제적, 개인적 혹은 이익을 얻기 위한 전략으로 의도적으로 우리를 속이는 사람들이 있어요. 이처럼 허위조작정보를 퍼뜨리는 사람들이 바로 21세기의 늑대와 피노키오입니다. 이런 사람들을 정말 조심해야 해요! 이런 맥락에서 우리는 일부 정치 지도자와 정당, 정부 기관뿐만 아니라 직업 윤리 규정을 위반하는 무책임한 기업과 언론, 또는 특정한 이해관계를 지닌 개인들도 조심해야 해요.

금전적 이익을 위한 거짓말

허위조작정보는 수익 사업이기도 해요. 그들은 우리가 가짜 뉴스를
만들어 퍼뜨리는 좋지 않은 사람들에게 기부하게 하거나,
음모론 책이나 비과학적인 제품을 판매하려고 합니다.
지면 광고에 허위조작정보를 실어 수익을 내려는 시도를 하기도 해요.
봇 공장이나 선전 '부대'들이 소셜 미디어에서 큰돈을 벌고 있습니다.

정치적 지지를 받기 위한 거짓말

정치적 이익을 얻기 위한 목적의 허위조작정보는 다양한 형태를 보여요.
선거 결과를 뒤집고, 정부를 무너뜨리고 불신을 조장하고,
사람들이나 특정 단체를 동원해 투표하지 않도록 하고,
특정 사안에 대한 지지를 얻으려고 만들어요.
이러한 유형의 허위조작정보는 민주주의에 매우 해롭습니다.

유명한 사람이 되기 위한 거짓말

소셜 미디어에는 자신이 중요하고 사랑받는 사람이라는 명성과 팔로워를
얻기 위해 유명해지고 싶은 사람들이 있어요. 그들은 목적을 달성하기 위해
때때로 거짓말을 합니다. 이런 사람들을 조심하세요!

음모론이란 무엇일까요?

음모론은 입증하기 어려워 거짓말이라는 것을 밝혀 내지 못할 때가 많습니다. 테트리스처럼 모든 것이 꼭 들어맞는 이야기를 제시하고, 등장인물과 이야기의 흐름이 매력적이어서 매우 흥미롭거든요. 현실 세계에서는 모든 것이 지루하고 불확실하며 복잡한데 음모론은 단순하면서도 훨씬 재미있어서 빠져들게 만들어요. 인간은 사회적 동물이라는 말이

있듯이 사람들을 끌어모으기도 한답니다. 모르는 것이 없고 권력자의 비밀 계획까지 알며 '불쌍한 어린 양', 즉 다른 사람들을 돕는 단체에 속하고 싶지 않은 사람이 어디 있겠어요? 정말 멋지지 않나요? 그러나 음모론의 문제는 그것이 연기일 뿐이라는 점이에요.
몇 가지 예를 들어 볼게요. 여러분은 음모론을 알아챌 수 있을까요?

음모론은 복잡한 문제를 쉽게 설명해요. 용감하고 힘 있는 자들이 우리에게 퍼뜨리는 악의 뒤에는 사악하고 비밀스러운 계획과 음모가 있는 것이 확실하다는 거예요.

마법 공식

> **강력한 인물 혹은 기관**
>
> +
>
> **기발한 아이디어**
>
> +
>
> **그럴듯한 목적**
>
> =
>
> **음모론**

음모론

그레타 툰베리는 사람들에게 지구 환경 보호를 설득하기 위해 과거로 (그녀와 닮은 소녀의 오래된 사진 한 장을 함께 보여 주면서) 여행합니다.

음모론은 우리에게 어떤 영향을 미칠까요?

거짓 정보는 우리 모두에게 영향을 미칩니다. 그것은 우리의 건강을 해치고, 민주주의를 약화시키며, 증오를 낳아 우리 사회에 해를 끼칩니다. 그러므로 늑대를 만난다면 올바른 길로 가고 있는지 지도나 네비게이션에서 꼭 확인하세요!

위 있는 약학자들이 돈을 벌기 위해
로운 코로나바이러스를 만들었어요.

나사는 지구가 평평하다는 사실을
숨기고 싶어 합니다. 우리가 신이
없다는 사실을 믿게 하기 위해서예요.

나사와 미국 정부는 사람들이
1969년 달에 도착한 최초의 인간이
미국인이라고 믿기를 원하지만,
사진이 사실을 말합니다.
소련이 먼저 도착했어요.

음모 기계

빛의 속도로 나만의 음모론을 만들고 싶나요? 엄청 쉬워요! 여러분의 음모 기계
를 만드세요. 일종의 로봇일 수도 있고, 뽑기 기계일 수도 있고, 행운의 룰렛일
수도 있습니다. 생각한 그대로 만들 수 있어요. 알고리즘보다 더 창의적으로 생
각해 보세요! 유일한 조건은 다음 세 가지 항목을 여러 방식으로 결합하는 겁니
다. 강력한 인물 혹은 기관, 기발한 아이디어, 그럴듯한 목적.
짜잔! 음모를 밝혀 보세요!

제 3 장

데자뷔

언제부터 거짓말을 하기 시작했을까요?

음, 무언가 알게 된다는 것은 흥미로운 일이지만 거짓말은 탄소 14(방사성 동위원소) 테스트로 알 수 있는 일이 아니에요. 하지만 우리는 옛날 옛적에도 오보와 허위조작정보가 존재해 왔다고 주저 없이 말할 수 있어요. 수천 년 전부터 있었다고요.

다른 곳에서 이미 본 듯한 친숙한 거짓말을 감지한 적이 있나요? 허위조작정보는 돌고 돌기 때문에 그런 느낌이 들 수 있습니다.

21세기의 거짓말은 기술 발달로 인해 더 자극적이고 정교해져서 훨씬 더 빨리 더 많은 사람에게 도달할 수 있어요. 거짓말은 우리보다 먼저 우리 할아버지 할머니를 속였어요. 우리의 증조부모와 고조부모, 그리고 호모 사피엔스, 호모 네안데르탈렌시스, 호모 에렉투스까지도 속였을 거예요.

이 장에서는 그렇게 멀리 거슬러 올라가지 않을 거예요. 여행은 훨씬 짧을 겁니다. 그렇지만 오랜 기간 우리에게 가장 깊게 침투한 거짓말의 목록을 살펴볼 거예요.

거짓말이
만들어 낸
역사적 사건들

유대인들
거짓과 증오의 칵테일

1492년 스페인 왕들은 그들의 왕국에서 유대인들을 추방하라고 명령했어요. 이 사건이 일어나기 몇 년 전에는 유대인들을 고리대금업자와 이단자로 고발하는 명예 훼손이 심했습니다. 유대인들은 14세기에 세계 여러 지역을 황폐화시킨 전염병인 흑사병을 옮겼다는 비난도 받았어요. 모든 악의 원인으로 유대인들이 지목되었던 거예요. 특정 집단에 해를 끼치기 위한 거짓 정보는 지금도 무슬림, 보호자가 없는 외국인 미성년자나 이주민에게 향하고 있죠. 새로운 것이 아니라 과거에도 일어났던 일이에요.

마녀
몇백 년 동안 이어 온 여성혐오 거짓말

수가라무르디 마녀에 대해 들어 봤나요? 영화 제작자 알렉스 데 라 이글레시아는 스페인 바스크 지방 마녀들에 대한 영화를 만들었어요. 16세기부터 18세기까지 세계 여러 지역에서 마녀사냥이 일어나던 때에 있었던 유명한 스페인 마녀사냥 얘기예요. 마녀로 몰려 벌을 받고 화형까지 당한 대다수는 여성이었습니다. 그들은 악마와 지내고, 사탄의 의식을 행하는 이단자로 몰렸어요. 여러 연구에 따르면, 실제로 그들 중 일부는 남성 지배 세력의 통제를 거부했던 여성들이었어요. 가톨릭의 사회적 통념에 어긋난 행위를 했던 겁니다.

1796년

동종 요법과 민간요법

아픈 사람을 치료할 수 있다는 희망으로 활용해 온 민간요법은 18세기 훨씬 전부터 여러 세대에 걸쳐 전해 내려오고 있어요. 대체 의학의 대표적인 사례 중 하나가 동종 요법이며, 사무엘 하네만을 동종 요법의 아버지라고 해요. 1796년에 '호메오파티'라는 동종 요법 이론을 고안했거든요. 이 이론에 따르면 건강한 사람에게 질병 원인이 되는 물질을 투여하면 증상을 유발할 수 있지만, 아픈 사람에게 소량을 투여하면 치료할 수 있다고 해요. 지난 200년 동안 많은 논쟁이 있었고, 다수의 보건 당국과 전문가들은 동종 요법의 과학적 근거가 충분하지 않다고 보고 있습니다. 검증되지 않은 치료법은 우리를 속여서 돈을 뺏거나 건강을 해칠 수 있어요.

지구는 평평합니다. 그러나 사실은 둥글어요.

모두가 아는 것처럼 지난 수 세기 동안 과학자들과 사상가들은 우리가 살고 있는 행성을 알기 위해 연구해 왔어요. 기원전에도 지구가 둥글다는 주장이 있었지만, 수 세기 동안 평평하다는 이론을 일반화하려는 시도가 있었지요. 실제로 우리가 살고 있는 행성은 거대한 평원이라는 것입니다.

지구가 평평하다는 이런 주장을 추적해 온

알렉산드레 로페스 보룰은 '시차'라는 필명으로 활동하던 새무얼 로보텀이라는 사람을 주목해요. 그가 1848년에 출간한 책에서 "지구는 평평하고 얼음벽으로 둘러싸여 있다."라며 여러 근거를 댔고, 그 주장이 아주 많은 사람들에게 널리 퍼졌다는 거예요. 최근까지도 이 주장을 믿는 사람들이 학회도 연답니다.

쿠바 전쟁,
그리고 갈등을 유발하는 거짓말들

증오는 갈등과 허위조작정보를 만들어 냅니다. 쿠바 전쟁도 거짓말로 시작되었어요. 저명한 기자 마누엘 레귀네쉬는 에세이 『나는 전쟁을 일으킬 것이다. 1898년 쿠바: 언론이 만들어 낸 첫 번째 전쟁』에서 미국의 선정적인 언론이 스페인 식민지의 독립 전쟁을 일으켰다고 주장했습니다. 이 신문은 쿠바에 주둔한 스페인 군대의 잔학 행위를 주장하는 기사를 실었으나 대부분은 만들어 낸 이야기였어요. 베트남 전쟁이나 최근에 일어난 전쟁에서도 이런 일은 계속 일어났습니다.

1918년

스페인 독감이라고 불리는
공포의 바이러스

우리는 모두 코로나 팬데믹을 잘 알고 있습니다. 100여 년 전에는 스페인 독감이라고 하는 또 다른 대유행이 전 세계를 휩쓸었어요. 그러나 이 바이러스가 어디서 나왔는지는 아직도 밝혀지지 않았고, 특히 제1차 세계 대전 참전국 군인들에게 엄청난 영향을 미쳤습니다. 질병의 기원과 전파 과정뿐만 아니라 이를 퇴치하기 위한 치료법에 대해서도 불확실한 정보와 허위조작정보가 많이 퍼졌거든요. 불확실성과 두려움은 바이러스를 확산시키고 허위조작정보도 함께 만들었어요.

달 착륙, 인류를 위한 거대한 도약인가 가짜 뉴스인가?

1969년 달에 도착한 것이 조작이라는 설은 오늘날까지 남아 있어요. 이 터무니없는 이론의 기원은 1976년 출간된 빌 케이싱의 『우리는 결코 달에 간 적이 없다. 미국의 30억 달러 사기』에서 찾을 수 있습니다. 냉전 시기 소련을 상대로 승리하기 위해 나사가 배후에서 지휘하고 유명 영화 감독 스탠리 큐브릭이 조작한 거라고 확신하는 사람들도 있어요. 그들의 주장은 이렇습니다. "달에는 바람이 불지 않기 때문에 미국 국기가 날릴 수 없었습니다. 우주인의 발자국이 너무 선명한 것도 조작한 것으로 보입니다. 별이 보이지도 않습니다." 그러나 미국 정부는 이렇게 설명했어요. "성조기를 땅에 꽂을 때 생긴 충격으로 주름이 생긴 것입니다. 달 표면의 토양 재질이 밟으면 쉽게 눌리기 때문에 발자국이 생겼습니다. 마지막으로 카메라 조명 때문에 별이 너무 희미해져 사진에 담기지 않았습니다." 달 착륙을 믿지 않은 사람들이 신뢰할 수 없는 사이트에서 이미지를 가져왔던 걸까요? 네. 그렇습니다.

1991년

가짜 석유,
공격 개시를 위한 사진

1998년

백신
오류와 부정직한 과학

걸프 전쟁 당시 사담 후세인이 통치하는 이라크가 쿠웨이트를 점령하자 미국과 여러 국가의 연합군은 이라크와 전쟁을 벌였어요. 전쟁 전 사담 후세인에 대한 부정 여론을 확산하기 위해 기름을 뒤집어쓴 동물 사진을 유포했어요. 그러나 그 사진들은 가짜였어요. 조류학자들은 그 당시 페르시아만에는 봄에 이동하는 가마우지가 없었다는 것을 지적했습니다. 또한 사진이 찍힌 것으로 추정되는 구역에는 기자들이 들어갈 수 없었어요. 사진이 조작됐다는 것이 후에 밝혀졌지만, 결과적으로 언론은 군사 개입을 정당화하기 위해 허위조작정보를 제공한 셈입니다.

2003년에 이라크는 다시 한번 허위조작정보의 진원지가 되었어요. 미국, 스페인, 영국 정부는 이라크의 또 다른 군사 개입을 정당화하기 위해 이라크 정부가 '대량 살상 무기'를 보유하고 있다고 했지만, 사실이 아님이 밝혀졌습니다.

1998년 권위 있는 과학 저널인 『랜셋』은 오늘날 우리가 대참사라고 부르는 일을 저질렀습니다. 앤드류 웨이크필드는 MMR 백신(홍역, 볼거리, 풍진 혼합 백신)과 자폐 스펙트럼 사이에 관계가 있다는 논문을 발표했어요. 그의 논문을 통해 두려움이 퍼지고 백신 예방 접종률이 떨어졌지요. 그러나 웨이크필드가 대체 홍역 백신에 대한 특허를 내려고 MMR 백신에 대한 부정적인 논문을 쓴 사실이 나중에 밝혀졌지요. 오류도 있었어요. 무작위로 그리고 올바르게 선택되지 않은 소수의 사례만을 연구했습니다. 과학적 절차와 윤리 강령을 따르지 않았던 거지요.

웨이크필드는 영국왕립의사협회에서 제명되었고 논문도 철회되었지만 지금까지도 백신 반대 운동을 하는 사람들은 그의 주장을 되풀이하고 있습니다.

제 4 장

마음이 우리를 속인다

편향으로부터 자유로울 수 있을까요?

뇌는 사람이 하는 모든 일에 관여하는 핵심 기관입니다.
매일 아침 눈을 뜨면 뇌는 우리가 눈을 뜨고 눈의 초점을
잘 맞추면서 몸을 일으켜 세우도록 명령해야 합니다.
그렇지만 그건 단지 우리를 깨우기 위한 것에 불과해요!

뇌가 모든 것을 처리한다는 것은 불가능하므로 결정을 내리기 위해 때로는 단순화하거나 지름길을 사용해요. 심리학 용어로 '휴리스틱'이라고 하죠. 지름길로 인해 실수가 발생하면 그것을 '인지 편향'에 따른 것이라고 해요.

모든 사람은 인지 편향을 가지고 있고, 우리가 위험하다고 보는 상황에 빈번히 적용됩니다. 뇌는 생존과 번식을 위해 설계되어 있고, 그러한 목적 중 하나와 관련될 때에는 본능적으로 지름길을 택해요. 틱톡의 인기만큼이나 많은 유형의 인지 편향이 있습니다! 앗, 농담이에요. 그 정도까지는 아니더라도 꽤 많은 건 맞습니다. 이 장에서는 우리가 우리에게 정보를 알려 주는 방식과 미디어가 우리에게 뉴스를 제공하는 방식을 살펴볼 거예요.

편향의 유형

확증 편향

우리는 모든 면에서 내가 옳다고 생각하는 경향이 있어요. 왜냐하면 우리는 최고니까요! 내가 옳다는 것을 알게 되면 기분이 좋아지고, 내가 틀렸다는 것을 알게 되면 기분이 좋지 않아요. 뇌가 편안함을 추구하기 때문이지요. 예를 들어 초콜릿을 좋아하는 사람이라면 뇌는 전문가가 제시한 자료나 다른 근거가 없더라도 초콜릿이 좋다는 모든 정보를 믿게 만들 거예요. 인터넷에서 정보를 검색할 때 '초콜릿 섭취의 효능'과 같은 문구로 검색하죠. 즉, 내가 듣고 싶은 것에 대한 결과를 확인하는 방식으로만 검색하는 거예요.

확증 편향의 예를 들어 볼까요? 사설의 제목과 내 생각이 일치하는 신문을 구입해요. 소셜 미디어에서는 우리와 비슷한 성향의 사람들을 팔로우하지요. 알고리즘 또한 우리가 좋아할 만한 것들만 제안해 우리가 행복해하고 온라인에서 더 많은 시간을 보낼 수 있도록 해요.

권위 편향

어떤 사람이 해당 분야에 대해 충분한 지식이나 권위가 없어도 단지 유명하다는 이유로 그 사람을 믿는 것을 말합니다. 예를 들어 인스타그램에서 듀칸 다이어트나 액체만을 마시는 다이어트, 건강에 해로운 여러 '기적'의 다이어트들을 추천하는 사람을 팔로우하는 경우라면, 조심하세요! 그들은 전문가가 아니에요. 영양사로부터 올바른 정보를 얻기 바랍니다.

권위 편향은 유명 여배우나 인터넷 방송을 하는 멋진 스트리머가 추천한다는 이유만으로 해당 제품을 구매하도록 유혹하기 위해 광고에서도 널리 사용됩니다.

환상적 진실 편향

아돌프 히틀러의 선전 장관인 괴벨스는 거짓말도 천 번을 반복하면 진실이 된다는 말로 유명해요. 지겨울 때까지 거짓말을 반복하게 되면 뇌는 그것을 사실로 보게 돼요. 그러나 그건 착각이에요! 환상적 진실 편향은 한 번 보거나 들었던 것이 아니라 우리에게 친숙한 것, 우리가 여러 번 보고 들은 것을 더 믿게 합니다. 그래서 그것이 정확한 정보가 아니라는 것을 알고도, 또 거짓말이라는 것을 들었어도 진실로 간주해요.

집단 편향

우리 편에 속하는 사람이 전하는 정보는 옳고 다른 편이라고 생각되는 사람들의 정보는 나쁘거나 잘못되었다고 믿는 거예요. 그것은 소셜 미디어가 지속적으로 조장하고 확장하는 아주 고전적인 편향입니다. 예를 들어 기후 변화를 부정하는 사람들과 1969년 달에 착륙한 우주인을 믿지 않는 음모론자들은 이러한 편향에 큰 영향을 받습니다.

그러나 이런 사례만 있는 것은 아니에요. 우리는 모두 한쪽으로 치우쳐 있습니다. 조심하세요! 이러한 편향은 우리가 정보를 얻는 방식을 크게 좌우하고, 우리가 집단 구성원들과 한 팀이라는 것을 확신하도록 오보를 믿게 만들어요. 예를 들어 여러분이 좋아하는 축구팀이 최고 기량의 선수와 계약을 했다는 가짜 뉴스가 돌면, 라이벌 팀 소속이었을 경우보다 그 말을 더 신뢰할 것입니다.

고정 편향

닻을 내린 배가 그 자리에 멈추듯, 어떤 주제에 대해 처음 접했던 정보를 가장 우선시하고, 나중에 반대의 의견을 받더라도 더 이상 그 의견에 관심을 기울이지 않게 하지요. 우리가 살아가는 이 급변하는 사회에서 특히 중요하게 봐야 할 것이 고정 편향이에요. 초기 오류가 후속 수정보다 더 크게 퍼지니까요. 예를 들어 코로나 바이러스와 관련해 처음에는 어린아이들이 슈퍼전파자라고 했습니다. 곧바로 이 주장이 잘못됐다는 과학적 근거가 나왔지만 계속해서 그것을 믿는 사람들이 있었습니다.

정보

편승 편향

모두가 같은 생각을 하면 그게 맞겠죠? 그렇지 않나요? 편승 편향은 나만 이상한 사람이 되는 것이 아닌 다른 사람들과 같은 사람이기를 원하므로 대다수의 사고 흐름에 자신을 통합하는 것을 의미합니다. 그렇지 않나요? 대부분의 사람들이 엉덩이 바로 아래에 바지를 입는다면 나도 그렇게 입을 거예요. 모든 사람이 카카오톡 대신 왓츠앱을 사용한다면 나도 그럴 거고요.

선택적 인지 편향

뇌는 해야 할 일이 많아서 지속적으로 선택하고 단순화합니다. 이 편향은 우리가 관심 없는 것은 놔두고 관심 있는 것에만 특별한 관심을 기울이도록 이끌어요. '선택적 난청'을 가진 사람, 즉 관심 있는 것만 듣는다는 말을 들어 본 적이 있나요? 정확히 말하면 이런 거예요. 나와 관련된 정보를 더 깊이 읽고 더 관심을 기울인다는 것입니다.

두뇌는 기계가 아닙니다! 조금 게으른 걸까요, 아니면 일이 많아 감당이 안 되는 걸까요? 물론, 무언가를 잘 해내기 위해서는 해야 하는 일이겠죠? 이러한 인지적 편향에서 벗어나는 것이 매우 유용할 거라는 것은 분명합니다. 우리에게 거짓을 믿게 하고 때로는 실수하게 만들기 때문이에요. 그럼 어떻게 하면 될까요? 가장 확실하고 안전한 방법은 다음과 같습니다.

1. 여러분의 편향을 인식하세요.

2. 모든 것을 믿거나 즉시 판단하지 마세요. 천천히 하세요.

3. 다른 출처를 찾아 정보를 분석하고 스스로 판단하세요. 비판적 사고를 길러야 해요.

탈출
인지 편향에서 벗어나려면

여러분은 갇혀 있습니다! 여러분의 두뇌는 여러분이 끊임없이 실수를 하도록 만들고, 소셜 미디어, 심지어 여러분이 살고 있는 동네 벽의 낙서를 통해서도 여러분에게 오는 거짓을 마구 받아들이게 해요. 이러한 인지 편향에서 벗어나고 싶은가요? 그렇다면 첫 번째 걸음은 그것을 인식하는 것입니다.

그러기 위해 우리는 **매우 중요한 미션**으로 '탈출'을 준비했어요. 다니엘이 자신의 편향을 인식하고 동굴에서 나갈 수 있도록 도와주세요. 미션을 시작하기 전에 다니엘을 소개할게요.

다니엘은 고등학교에 다니는 평범한 소년이에요. 농구를 하고 피자를 먹는 것을 좋아하지요. 가장 좋아하는 인플루언서는 클로스카 스탑과 슈퍼 크래프티예요. 친구들과 모여 배달 음식을 먹으며 게임하는 걸 좋아해요. 남은 음식과 일회용품은 분리수거를 하지 않고 버려요. 기후 변화는 거짓이라고 생각하니까요. 고등학교 졸업 후에 무엇을 할지 아직 결정하지 못해서 기분이 좋지 않습니다. 같은 반 여학생을 좋아하지만 고백할 용기도 없고요.

다니엘이 받아들인 거짓 혹은 오보 뒤에 숨어 있는 편향을 식별할 수 있나요? 같이 알아볼까요?

미션 1

다니엘은 틱톡 동영상을 시청한 다음, 클로스카 스탑의 소셜 미디어에 들어가 그의 정치적 의견을 표현한 게시물을 읽습니다. 그는 세계 평화를 위해 트럼프를 지지한다고 말합니다. 교황도 트럼프를 지지한다는 뉴스를 같이 공유한 걸 보면 트럼프가 평화를 사랑하는 것이 분명해요.

다니엘은 이렇게 믿고 있습니다. 어떤 인지 편향에 빠져 있는 걸까요?

A. 집단 편향

B. 선택적 인지 편향

C. 권위 편향

미션 3

다니엘은 인스타그램을 검색하다가 자신이 가장 좋아하는 가수가 거액의 세금을 탈루했다는 내용의 동영상을 보게 됐어요. 그런 다음 혐의를 부인하고 있는 해당 가수의 인스타그램 영상을 봤어요. 다른 동영상들도 거짓말을 말하고 있지만, 다니엘은 귀담아듣지 않습니다.

이 경우 어떤 인지 편향이 작용했습니까?

A. 선택적 인지 편향

B. 고정 편향

C. 집단 편향

미션 2

다니엘은 트위터에 들어가 믿을 만하다고 생각한 게시물에 "좋아요"를 눌렀어요. 기후 변화에 대응하기 위한 조치를 취하지 않으면 재앙이 닥칠 거라고 경고하는 1980년대 신문 헤드라인과 함께 누렇게 변한 사진도 있는 게시물이에요. 계정에는 다음과 같은 설명이 덧붙여 있었어요. "우리 모두 아직 죽지 않았잖아요? 기후 변화는 사기입니다."

다니엘이 이 트위터를 믿게 만든 인지적 편견은 무엇일까요?

A. 확증 편향   **B.** 고정 편향   **C.** 편승 편향

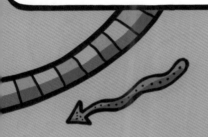

미션 4

다니엘이 주로 읽는 스포츠 신문에서 자기가 좋아하는 축구 팀이 인종 차별적인 구호를 외쳤다고 벌금을 내게 될 거라는 기사를 읽었어요. 다니엘은 이 조치가 부당해서 화가 나요. 상대 팀이 먼저 심판을 먼저 모욕했고 그에 대한 대응을 한 것일 뿐이었다고 생각하거든요.

심판을 모욕한 사람들은 모두 상대 클럽이라고 믿는 다니엘의 생각은 어떤 편향에 빠져서일까요?

A. 환상적 진실 편향
B. 권위 편향
C. 집단 편향

풀이는 113쪽

제 5 장

카멜레온 같은 허위조작정보

카멜레온은 수시로 피부색을 바꾸는 걸로 유명해요. 짝짓기를 하고 싶을 때, 먹이를 사냥하거나 두려움을 느껴 눈에 띄고 싶지 않을 때 등 각각의 경우마다 다르게 색을 바꿔요. 피부 속 광 결정 구조의 간격을 조절해서 단 몇 초 만에 파란색, 노란색, 갈색 또는 흰색으로 변할 수 있습니다.

허위조작정보도 카멜레온 같아요. 그 중심에는 언제나 거짓말이 계속 순환하고 있어요. 카멜레온이 피부색을 수시로 바꾸며 자신을 위장해 먹이를 잡고 생존하듯이 허위조작정보도 그렇습니다. 거짓을 위장한 채 온라인에서 끊임없이 떠도는 허위조작정보는 사람들이 쉽게 속을 수 있도록 계속해서 거짓말을 보태고 조작한 거예요.

매우 조잡하고 분명히 알아차릴 수 있는 거짓말인데도 수천 가지 정교한 방법으로 위장해 나타나서 사람들을 속이고 있어요. 허위조작정보가 어떻게 숨어 있는지 알아보도록 해요.

속임수는 어떻게 속임수가 될까요?

허위조작정보의 유형과
각각의 예를
연결해 보세요.

- 부분 조작 콘텐츠
- 일부러 만들어 낸 콘텐츠
- 낚시성 제목
- 가짜 자료

1. 셔츠를 올리고 메시지를
보여 주는 축구 선수의 사진이
온라인에 떠돌고 있습니다.
글이 있는 부분과 몸의
모양이 맞지 않습니다.

올해 나의
모든 수입을
여드름 퇴치 운동에
모두 기부합니다!

우리도 가짜 포스팅을
할 수 있을까요?

무엇보다도 소셜 미디어에 공유하지 마세요.
만약 그렇게 한다면, 다른 사람을 속이는 것이
되지 않도록 그것을 정확하게 설명해 보세요.

2. 우리는 잘 알려지지 않은 일간지에서 유명 활동가에 대한 기사를 읽었습니다. 이 신문은 실제 존재하는 걸까요?

4. 이런 헤드라인이 눈길을 끕니다. 우리는 그것이 본문의 내용과 일치하는지 모순이 있는 것은 아닌지 자신에게 물어야 합니다.

더 뉴욕 미니츠

청년 활동가가 비행기, 요트, 페라리를 샀다.

부에노스아이레스에서 통행 요금에 항의하는 대규모 시위 발생

3. 경제 위기 때문에 시위에 나온 시위대 모두가 바르셀로나 축구 클럽 유니폼을 입었다니 놀라운 일이군요.

닭에 호르몬이? 조심하세요!

동물에게 호르몬을 사용하는 것은 불법입니다. 안심하고 치킨을 먹을 수 있습니다.

풀이는 113쪽

1. 사람들이 들으면 흥미로울 이야기를 선택합니다. 실제로 일어난 일들, 학교에서 일어난 일들, 인터뷰 등

2. 일부 내용 변경: 원래 의미를 어떤 방식으로 왜곡할 수 있을까요?

3. 이미지와 동영상을 악의적 방식으로 편집합니다.

4. 친구와 가족에게 여러분이 만든 버전을 보여 주고 그것이 사실인지 거짓인지 판단하게 하세요. 그들을 속이는 데 성공했습니까? 그럼 그것에 대해 생각해 봅시다. 허위조작정보를 알려 주는 것이 얼마나 쉬운지 보세요! 다른 사람을 속일 때 어떤 느낌이었나요? 다른 사람들이 속아 넘어가는 것을 보고 어떤 기분이 들었습니까?

퍼스트 드래프트의
허위조작정보 유형

온라인에서 허위조작정보에
맞서 싸우는 조직인
퍼스트 드래프트는 우리를
혼란스럽게 하는 허위조작정보를
일곱 가지 유형으로 분류합니다.

가짜 자료

가짜 자료로 만든 허위조작정보를 보면, 사용한 사진이 해당 도시 또는 국가의 사진이 아니거나 이전에 찍은 사진을 올린 거예요. 당연히 이 자료는 그들이 설명하려고 하는 사실과 일치하지 않아요. 이러한 허위조작정보 유형은 명확한 콘텐츠 없이 기존 텍스트, 사진, 비디오 또는 오디오를 사용해 유통시키기 매우 쉬우므로 자주 일어나는 일입니다.

부분 조작 콘텐츠

포토샵 프로그램을 비롯한 여러 사진을 편집하는 프로그램을 사용해서, 사진과 비디오, 오디오를 조작해 의미를 바꾸는 방식입니다. 플래카드의 내용, 티셔츠 또는 모자에 새겨진 문구를 조작할 수 있고요. 사진에 사람을 추가하거나 교체 또는 제거할 수도 있어요. 어떤 상징물을 넣거나 뺄 수도 있지요. 가능성은 거의 무한하지만 이러한 유형의 허위조작정보에서 본질적인 것은 내용의 일부를 수정해 의미를 바꾸는 것입니다.

일부러 만들어 낸 콘텐츠

21세기에 사는 피노키오와 늑대는 훨씬 더 열심히 일합니다. 그들은 매우 창의적인 기술을 보여 줘요. 기존의 사진이나 영상을 이용해 일부를 수정하는 것이 아니라 사진, 오디오, 비디오, 문서 등 처음부터 가짜 자료를 만들거든요. 예를 들면 딥페이크라는 일부러 만들어 낸 콘텐츠가 있어요.

사칭 콘텐츠

우리는 다른 사람, 언론사, 공공 기관, 회사, 과학 출판물 등을 사칭하는 경우를 사칭 콘텐츠라고 말해요. 즉, 그들의 신원을 속이는 거예요. 이것은 범죄가 될 수 있으므로 정말 조심해야 해요!

낚시성 제목

누군가 여러분에게 소셜 미디어나 카카오톡을 통해 무언가를 보낼 때 여러분은 보통 어떻게 하나요? 그것을 열어서 끝까지 읽나요? 아니면 제목만 읽고 메일을 열지 않나요? 제목만 봐서는 내용을 알 수 없거나, 제목이 모호한 경우도 상당히 많습니다. 본문 전체를 읽다 보면 때때로 제목에서 말하는 의미와 매우 다르기도 해요.
인터넷에서 제목은 사람들이 뉴스를 클릭하게 하려고 잘 축약한 미끼라고만 볼 수 없어요. 이것은 '사이버 낚시질' 또는 '클릭 낚시질'입니다.
이 관행은 경제로도 설명할 수 있어요. 미디어는 통신 서비스일 뿐만 아니라 비즈니스라는 사실을 잊지 마세요. 일반적으로 인터넷의 광고 수익은 방문이나 클릭 수를 기반으로 합니다. 더 많은 클릭으로 큰돈을 벌기 위해 자극적인 제목을 달기도 해요. 그러나 그것은 언론의 목적에 어긋나는 비윤리적이고 무책임한 행동이에요.

풍자 혹은 패러디에서 비롯된 혼란

이 유형은 논란의 한가운데 있습니다. 콘텐츠를 제작하거나 방송하는 사람에게 있는 것이 아니라 그것을 잘못 해석하는 사람들에게 있기 때문이에요. 해학적이거나 풍자적인 목적으로 만든 텍스트를 인지하지 못하고 그것을 실제 뉴스인 것처럼 믿고 퍼뜨려서 문제예요. 그러므로 다음의 두 가지 상황에 주의하세요!

유머 혹은 '나는 책임이 없다'? 접근이 쉽지 않은 장소에 웹사이트를 열고 그들이 게시하는 것을 '유머'라고 하지만, 그렇지 않아요. 그들은 출판물이 가져야 하는 법적 책임을 피하려고 그렇게 해요.

유머 속 허위조작정보 틱톡 밈과 동영상은 우리를 웃게 만들어요. 그러나 때때로 의심을 피하고 효과를 더 높이기 위해 거짓말을 유머로 포장해요. 온라인에는 먹이를 잡으려는 카멜레온이 있어요! 유머 뒤에는 의도가 있다는 것도 알아야 해요.

뒤섞인 콘텐츠

뒤섞인 콘텐츠는 사실과 흥미로운 거짓말 사이에 있어요. 그것은 흑백이 아니라 빛과 그림자, 여러 색이 뒤섞인 복잡한 혼합색이라고 할 수 있어요. 허위조작정보와 거짓 정보도 그렇게 위장해서 퍼져요.

어떻게 만들어지나요? 칵테일처럼 실제 있었던 여러 사건이 함께 섞였기 때문에 고의적 거짓이나 부주의한 거짓과 대조하기 어려워요.

그 결과 갇히기 쉽고 빠져나오기 어려운 늪지대에 빠진 것처럼 되어 버립니다. 뒤섞인 콘텐츠는 수천 가지 방법으로 유포될 수 있어요. 먼저 두 개의 다른 연구 자료를 섞는 방법이 있어요. 우리 주장을 확실하게 뒷받침하는 연구 자료만 활용하고, 나머지 연구, 정확히는 우리의 주장에 맞지 않는 통계와 연구는 생략하기도 해요. 일부 진술을 다듬고 맥락을 없애고요. 실제로 존재하지 않는 두 요소 사이의 인과 관계를 보여줄 수도 있어요. 설명 없이 사실만 보고하는 것, 이것은 매우 일반적인 형태의 속임수예요. 알아차리기 어려울 때가 많아서 거짓말이 꽤 효과적이기 때문입니다.

그는 흑인에게 행해진 경찰 폭력에 대한 저항의 표시로 무릎을 꿇었습니다.

지금은 거짓 정보를 위와 같이 분류하고 명명합니다. 그러나 허위조작정보는 카멜레온과 같아서 끊임없이 변화하고 환경에 적응하기 때문에 곧 더 많은 유형이 나타날 거예요. 온갖 색깔의 거짓말이 있으니까요!

제 6 장

실을 끌어당기다

정보를 검증해 보아요.

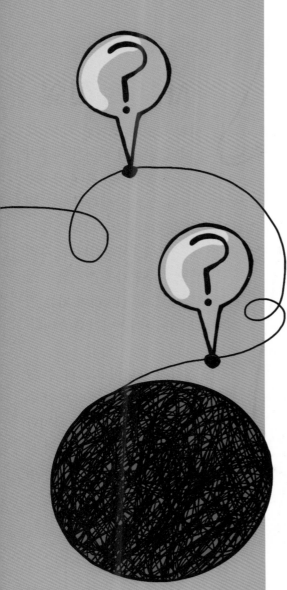

검증은 주장의 진실성을 검증하는 것, 즉 확실하다고 생각해 말한 것에 대해 비판적이고 합리적인 방식으로 분석하는 것을 뜻합니다. 근거가 있다면 그것이 진실인지 아닌지, 또 우리에게 제공된 정보가 정확한 근거에 따라 뒷받침되는지 말이지요.

누군가 오늘 비가 오지 않을 거라고 말한다면 우산 없이 외출했다가 흠뻑 젖어서 돌아오지 말고 나가기 전에 확인하세요. 인터넷에서 기적의 치료법을 읽는 경우도 마찬가지예요.
검증한다는 것은 **정보를 확인**하기 위해 다른 출처, 예를 들어 전문가 출처, 원문 출처, 데이터 등의 근거를 찾아보는 것을 말합니다. 더운 여름날 찬물 한 컵을 벌컥 들이켜듯이 모든 정보를 꿀떡 삼킬 필요는 없어요. **검증은 또한 의심을 해소하는 것에 그치는 것이 아니라 더 많은 것을 알고 싶어 하는 호기심을 의미합니다.**

우물 속 진실

로마 신화에 나오는 베리타스는 진리의 여신이에요. 그녀의 아버지는 시간의 신 사투르누스에요. 베리타스는 깊은 우물 바닥에 살면서 자신을 드러내지 않았다고 전해져요. 진리를 찾는 것이 얼마나 어려운지 비유한 거예요. 맞는 것 같지 않나요? 인간은 멀리 숨어 있는 진실을 보아야 하니까요.

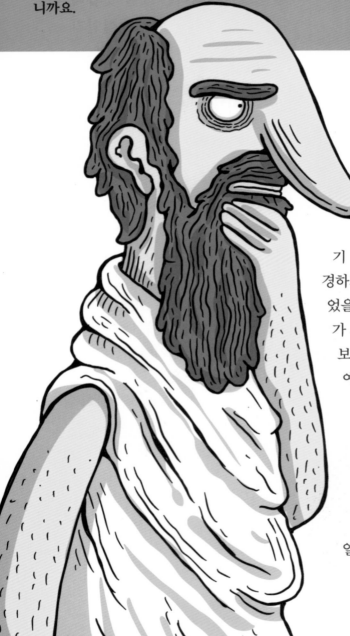

사실 vs 진실

사실 정보에 포함된 사실, 데이터, 진술이 의미를 바꾸거나 진실의 부분을 손상시키기 위해 어떤 요소를 생략하거나 변경하지 않고 정직하게 검증되고 설명되었을 때 그 정보는 사실입니다. 우리가 의도적으로 무언가를 변경하면 정보를 조작하고 속이는 것이 되는 거예요. 그것은 윤리적이지 않습니다.

진실 철학적 개념이라고 할 수 있습니다. 철학은 절대 진리를 알 수 있는지를 탐구하니까요. 하지만 언론은 그렇지 않아요. 정보의 사실을 확인하는 검증과 같은 좀 더 일상적인 문제에 중점을 둡니다.

검증이란 무엇일까요?

검증은 여러 경로로 확인하여 **정보가 사실인지 아닌지 또는 대조 가능한지** 결론에 도달하는 과정입니다.

검증 과정은 여러 단계로 구성됩니다. 무엇이 그 여정의 끝에 있는지, 실타래가 어디로 우리를 인도하는지 보기 위해 실타래의 실을 던져 볼까요? 모든 과정이 그러하듯 이 쉬울 수도 있고 복잡할 수도 있어요. 또 빠르거나 느릴 수도 있어요. 똑바로 갈 수도 있지만 언제든 잘못된 발걸음을 내디딜 수 있으므로 계속 전진하기 위해서 되돌아가야 할 수도 있습니다.

그런데 진실이 드러날까요?

꼬리를 물려고 하는 고양이를 본 적이 있나요? 아니면 자신의 그림자를 잡으려는 강아지는요? 이 이미지들은 우리가 진실에 접근하려고 할 때 일어나는 일에 대한 은유예요. 불가능한 일이라는 것을 알고 있지만 시도하는 것은 매우 당연하고 칭찬할 일이에요. 우리는 그 고양이와 강아지처럼 끈기 있어야 해요. 언론에서는 진실보다 사실을 말하는 것이 더 엄격해요. 두 개념은 종종 같은 의미로 사용되지만 차이가 있어요.

언론은 항상 진실을 말할까요?

언론은 민주주의를 위한 필수 요소예요. 기사는 우리가 사는 세상과 사회를 조금이나마 알게 해 줌으로써 이 사회가 어떻게 변해야 하는지 생각하게 하는 역할을 해요. 점점 더 복잡해지는 세상에서 가치 있고 인간적인 이야기를 들려주므로 언론의 시선은 필요합니다.

그러나 모든 직업이 그러하듯이 소수의 부정직하고 태만한 사람들이 있어요. 언론 윤리 강령은 거짓을 전달할 수 없고 뉴스 기사의 모든 요소는 항상 검증되어야 함을 명확하게 밝히고 있습니다. 미디어의 객관성은 존재하지 않아요(그렇지 않다고 말하는 사람은 거짓말하는 거예요.). 어떤 뉴스를 선택하고, 기사에 공간을 얼마나 할애하며, 어디에 초점을 맞출지 결정해야 할 때 주관성을 가지고 적용합니다. 그러나 뉴스는 반드시 중립적이고, 다원적이며 정직해야 해요. 다양한 의견을 듣고 설명해야 하고, 한 방향으로 치우치지 않아야 합니다. 서로 다른 목소리를 포함해야 하며, 거짓말을 하거나 조작해서는 안 됩니다.

뉴스는 현실의 거울이 아니라 항상 일어나는 일의 일부를 생략한, 사진이나 사실적인 그림에 가까워요. 사진은 또한 올려놓는 위치에 따라 달라지기도 해요. 언론에서는 이것을 '초점' 혹은 '지향성'이라고 합니다. 실제 일어난 사건을 여러 관점의 '초점' 혹은 '지향성'으로 보게 되면, 같은 사건에 대한 다른 뉴스들이 생산될 수 있기 때문이에요.

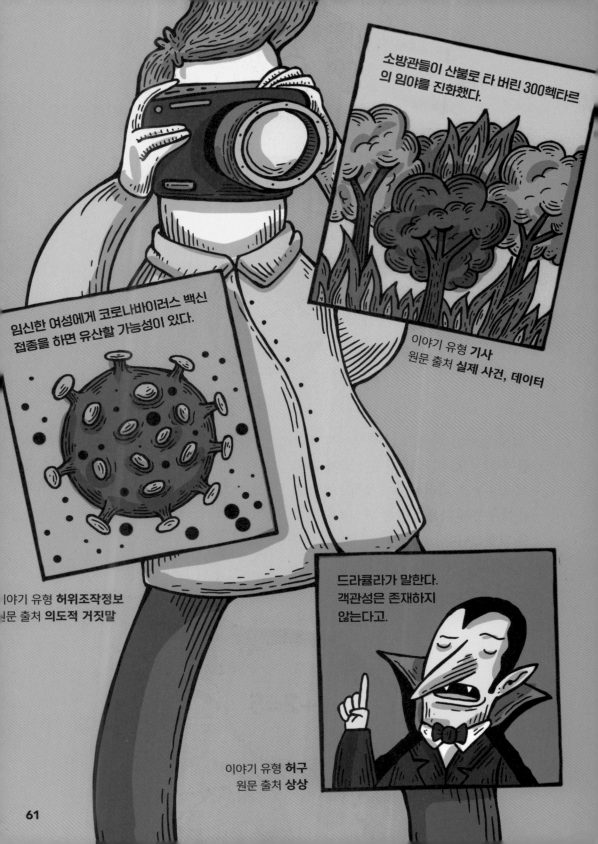

소방관들이 산불로 타 버린 300헥타르의 임야를 진화했다.

이야기 유형 **기사**
원문 출처 **실제 사건, 데이터**

임신한 여성에게 코로나바이러스 백신 접종을 하면 유산할 가능성이 있다.

이야기 유형 **허위조작정보**
원문 출처 **의도적 거짓말**

드라큘라가 말한다. 객관성은 존재하지 않는다고.

이야기 유형 **허구**
원문 출처 **상상**

뉴스의 편향

'실제 일어난 사건'도 주관성에서 자유롭지 않아요. 미국의 미디어 교육 프로젝트인 뉴스 리터러시 프로젝트는 뉴스 분석을 통해 다음과 같은 편향들이 있음을 밝혔습니다.

당파적 편향 언론인들이 기사를 작성하면서 그들의 정치적 생각을 자제하려 하지 않을 때 일어납니다. 이러한 편향에 빠지지 않기 위해 항상 조심해야 해요. 그래야만 언론인이라는 훌륭한 직업을 유지할 수 있어요.

기업 편향 어떤 TV 프로그램이나 축구 경기는 그것을 방송하는 채널의 뉴스에서만 볼 수 있어요. 왜 그럴까요? 언론사가 같은 계열사의 비즈니스 또는 광고 이해관계에 따라 보도할 만한 가치가 있는 사실을 선택해 뉴스를 구성하기 때문입니다.

인구 통계학적 편향 우리가 페미니즘을 말할 때 우리 머릿속에는 #MeToo가 떠오릅니다. 하지만 이슬람 페미니즘의 경우는 어떤가요? 서구적 관점에서는 무시됩니다. 성별, 사회적 계급, 인종, 민족, 문화, 기타 인구 통계학적 요소가 취재 범위에 영향을 미칠 수 있어요. 출처가 남성인 경우가 많고 여성 전문가는 소수에 불과하다는 게 분명해요. 또한 다수의 출처가 백인들에 의한 것이고, 아프리카계, 라틴계, 이슬람계는 많지 않습니다.

큰 이야기 편향 때때로 인터뷰에서 사건이나 출처의 중요성이 너무 커서 취재 세부 내용을 적절한 방식으로 확인하지 않을 때 일어납니다.

중립성 편향 '중립적'인 것처럼 보이는 것에 너무 집착해 뉴스 취재 범위가 충분할 만큼 다양하지 않거나 데이터가 부족할 때 발생합니다.

우리는 모든 뉴스를 검증해야만 할까요?

정보 전염병이라는 뜻의 인포데믹 시대에 모든 것을 확인하려면 지치기 쉬워요. 하지만 어떤 뉴스를 선택해야 하고 어떨 때 확인해야 하는지 우리는 알아야만 해요. 의심스러운 콘텐츠를 받았을 때 그렇게 해야만 하고, 그것이 사실인지 거짓인지도 알아야 해요. 이는 우리의 삶, 환경, 인권, 그리고 우리가 사는 세상에 관한 중요한 문제이기 때문입니다. 허튼소리를 확인하는 데 시간을 낭비하지 마세요. 그리고 더 많은 시간을 절약하고 싶다면 예방이 치료보다 낫다는 말을 기억하세요. 신뢰할 수 있는 출처에서 정보를 얻으세요.

어떻게 확인할 수 있을까요?

여러분은 사실과 의견의 차이를 아나요? 예를 들어 누군가 "개는 포유류입니다."라고 말하면 사실을 말하는 것입니다. 그러나 "개는 포유류 중 가장 온순합니다."라고 말한다면 그것은 의견입니다. 사실과 데이터는 확인할 수 있어요. 반면 의견은 검증할 수 없어요. 맞는 것도 아니고 틀린 것도 아니랍니다. 의견을 제시하는 데는 제한이 없으니까요.

 퀴즈

사실 혹은 의견?
다음 문장을 읽고 사실을 말하는지 아니면 의견을 표현하는지 표시하세요.

1. 은행은 주택 대출금을 갚지 못하는 사람들의 대출 기한을 연장해야 한다.

◯ 사실　　◯ 의견

2. 실업률 조사 결과 올해 마지막 분기 실업률은 5퍼센트 감소했다.

◯ 사실　　◯ 의견

3. 이 유튜버는 너무 긴 동영상을 만든다.

◯ 사실　　◯ 의견

4. 신도시에서는 경찰 순찰 횟수가 매우 적다.

◯ 사실　　◯ 의견

5. 국내 병원들은 청소년들의 정신 건강 관련 응급 내원이 40퍼센트 증가했다고 신고했다.

◯ 사실　　◯ 의견

풀이는 113쪽

검증 방법

인터넷에서 정보는 원시 상태로 제공돼요. 즉, 가짜 콘텐츠와 검증된 콘텐츠가 섞여 있다는 뜻이에요. 우리 앞에 있는 것이 사실인지 아닌지를 가려내기 위해 우리는 다음에 제시하는 검증 방법 중 하나를 적용할 수 있어요. 텍스트, 이미지, 동영상을 분석할 수 있는 기준을 제시해 주거든요. 이것의 이름이요? 스페인어로 표범이라는 뜻의 **판테라**(PANTERA), 영어로 양이라는 뜻의 **쉽**(SHEEP)과 체로 거른다는 뜻의 **시프트**(SIFT)라고 해요.

Una
PANTERA

가짜 뉴스를 잡아내는 표범

출처	책임	보도가치	어조	근거	반론	확장

판테라는 디지털 검증을 확산하고 허위조작정보를 찾아내기 위한 목적의 시민 교육 및 홍보 프로젝트인 '런 투 체크(Learn to Check)'에서 제안한 거짓말 잡는 검증 방법입니다.

● 출처를 뜻하는 프로세덴시아[Procedencia]의 P

정보는 어디서 오는 걸까요? 기사의 출처는 어디에서 흘러 들어올까요? 적절하고 충분하며 신뢰할 수 있는 출처입니까?

• 정보를 어디서 받았는지 알려 주지 않아도 걱정하지 마세요!

• 하나의 출처만 인용했다면 그것은 제외하세요. 모든 정보는 최소 2~3개의 신뢰할 수 있는 출처를 인용해야 합니다.

• 출처가 다양할 경우 어떤 출처인지 확인해야 해요. 익명의 출처인지 아니면 정확하고 구체적인 인용인지 말입니다.

• **전문가 혹은 신뢰할 만한 자료 출처**입니까? 화재나 홍수에 대한 자료를 수집하려면 사건을 목격한 사람들에게 물어봐야 하고, 그들이 출처가 될 것입니다. 반면에 목적이 로봇, 정신 건강, 해양 오염과 같은 복잡한 주제를 탐구하는 것이라면 데이터 및 연구 지식을 가진 해당 전문가나 전문 자료를 찾아야 해요. 특정한 개인적인 경험은 적절한 출처가 아니에요.

• **의도가 있는 출처**입니까? 그 출처가 왜 이 주제에 대해 이야기하는지, 그렇게 하도록 동기를 부여하는 요인은 무엇인지, 특별한 사안이 있는지, 정치적 또는 경제적 이익을 얻을 의도가 있는지, 혹은 특정한 관심을 갖고 해당 문제를 입증하려고 하는지 분석하는 것도 필요해요. 자료가 확실하더라도 전체를 더 잘 전달하기 위해서 그 의도를 알아야 합니다.

● 책임을 뜻하는 아우토리아 [Autoría]의 A

분석의 또 다른 측면은 책임입니다. 해당 글이 신뢰할 만한 언론 매체에 실렸는지, 음모론을 퍼뜨리는 인터넷 매체에 올라왔는지, 풍자 매체인지 공식 기관의 홈페이지인지, 신분을 도용해서 쓴 것은 아닌지 확인해야 합니다.

● 보도 가치를 뜻하는 노베다드〔Novedad〕의 N

새로 업데이트된 정보인지, 혼란을 줄 수 있는 통계 자료, 오래된 정보나 자료에 의존하는지 확인하세요. 이 사실을 다루는 다른 매체나 출처가 있습니까? 아니면 유일한 정보입니까?

● 어조를 뜻하는 토노〔Tono〕의 T

글의 어조와 언어를 관찰하세요.

• 언론의 기본에 충실하고 정확한 언어로 작성되었는지 아니면 유머러스하거나 냉소적인 방식으로 작성되었는지 확인하세요.

• 언어가 기술적이고 형식적인지, 개념이 적절하게 사용되었는지, 사이비 과학에서 가끔 발생하는 것처럼 과학 분야의 단어가 엄격하지 않고 부적절하거나 기만하는 방법으로 사용되었는지 평가하세요.

• 감정적인 언어가 있습니까? 어떤 기분이 들었나요? 그 정보에 놀랐습니까? 아니면 반대로 여러분에게 거짓 희망을 줬습니까? 왜일까요? 때때로 허위조작정보는 어떤 제품을 판매하기 위해서, 여러분의 생각을 바꾸기 위해서, 혹은 선택의 자유를 제한하기 위해서 감정을 이용해요.

• 맞춤법 오류가 있습니까? 때로는 맞춤법, 구문, 문체가 엄청나게 많이 틀린 것을 보고 가짜 뉴스임을 인식할 수도 있습니다.

근거를 뜻하는 에비덴시아[Evidencia]의 E

정보의 근거를 분석하는 것은 그들이 말하는 것을 대조하기 위한 열쇠입니다. 정보의 기반이 되는 데이터, 증거, 사실에 접근하는 것이니까요. 경험적으로 봤을 때 공식 출처나 전문가 출처가 다른 것보다 더 신뢰할 수 있는 것은 사실입니다. 그러나 때로는 공식 출처가 우리를 속이려고 할 수 있고, 전문가 출처이더라도 실수하거나 어떤 자료를 잘 기억하지 못할 수도 있어요. 그러므로 우리는 근거를 요구해야 해요. 근거를 보여 주세요!

반론을 뜻하는 레플리카 [Réplica]의 R

인터넷에서 디지털 검증은 공동의 숙제입니다. 검증자뿐만 아니라 공동체의 구성원인 우리도 할 수 있어요. 게시물이나 동영상이 의심스러워 보인다면 다른 사람들이 말한 것을 잘 살펴보세요.

확장을 뜻하는 암플리아[Amplía]의 A

지금까지의 검증으로 밝혀지지 않았다면, 시야를 넓히고 더 많은 정보를 찾아 조금 더 파고들고, 해석할 수 있도록 맥락화하세요. 정직하고 완벽하게 여러 형식으로 전체를 설명하는 것이 아닌 이야기의 한 부분만을 설명하려고 하는지 확인해 보세요.
우리가 사는 복잡한 세상에서 때로는 무슨 일이 일어나고 있는지 이해하기 위해서는 많은 사슬을 연결해야만 하거든요.

가짜 뉴스로부터 해방될 수 있도록
SHEEP 해 보세요

잠이 오지 않을 때 양을 세면 잠이 온다는 말이 있죠? 허위조작정보 때문에 쉽게 잠들지 못할 때 여러분의 뇌를 양 떼로 가득 채우지 말고 퍼스트 드래프트에서 권장하는 양을 생각하세요. 분석할 다양한 측면의 첫 글자를 따서 만든 단어, 영어로 양을 뜻하는 'SHEEP'을 떠올려 보세요.

| 출처 | 이력 | 증거 | 감정 | 사진 |

출처(Source) 정보의 출처에 대한 검토가 필요합니다.

이력(History) 이력 및 의도를 분석합니다. 그 뒤에 어떤 이해관계가 있습니까?

증거(Evidence) 주장을 뒷받침할 믿을 만한 증거가 있습니까?

감정(Emotion) 언어가 선정적이고 선동적인지 평가합니다.

사진(Pictures) 관심을 끌기 위한 이미지를 사용하는 것은 아닌지 평가합니다.

소셜 미디어를 걸러 주는 SIFT

디지털 및 정보 활용 능력 전문가인 마이크 컬필드 교수가 고안한 이 방법은 다른 검증 방법과 반대로 정보 과부하의 세계에서 검증하는 데 시간을 낭비할 필요가 없다는 생각에서 출발합니다. 우리를 풍요롭게 하는 주제에 열중하는 것이 더 낫다고 본 거예요. 이를 위해 단 몇 분이면 끝나는 검증 방법을 제안해요.
컬필드 교수는 SIFT의 본질은 재맥락화, 즉 거짓말에서 출발하여 최초의 콘텐츠까지 검증의 반대 방향으로 가는 것이라고 하죠.

정지 | 출처 조사 | 더 나은 출처 찾기 | 최초 텍스트를 찾을 때까지 주장, 인용문, 미디어 자료 추적

정지(Stop) 우리가 종종 너무 빨라서 거짓 정보가 우리에게 침투합니다. 공유하기 전에 정보를 읽거나 이미지를 잘 살펴보세요. 여러분 앞에 무엇이 있는지 알아보기 바랍니다.

출처 조사(Investigate the Source) 내용을 읽기 전에 출처를 알아야 합니다. 출처를 알면 내용을 해석하는 데 도움이 됩니다.

더 나은 출처 찾기(Find Better Coverage) 출처를 신뢰하기 어렵거나 정보가 부족할 때 우리가 할 수 있는 최선은 더 신뢰할 수 있는 출처를 찾아 적용하는 것입니다.

최초 텍스트를 찾을 때까지 주장, 인용문, 미디어 자료 추적(Trace claims, quotes and media to the original context) 원본 텍스트를 복구하고 문제의 정보가 정확하게 전파되었는지 아니면 변조되었는지 확인하려면 인터넷을 검색해야 합니다.

의문을 풀기 위한 세 가지 질문

정보를 대조할 때는 여유가 많지 않아요. 영국의 팩트 체커인 풀 팩트(Full Fact)는 정보를 대조하기 위해 매우 간단한 세 가지 질문을 해 볼 것을 제안합니다. 그런 다음 하던 일을 계속하세요!

질문 1 ▶ 이것의 출처는 무엇인가요?

기억하세요. 신뢰할 수 있는 출처가 최선의 선택입니다. 출처가 없다면 찾아보세요. 그리고 잘 안 보이면 조심하세요.

질문 2 ▶ 무엇이 빠져 있죠?

그들이 우리에게 설명하지 않는 것, 의도적으로 우리에게 숨기고 있는 것을 아는 것이 중요합니다. 제목만 보지 말고 전체 기사를 읽으세요. 원본 사진과 동영상을 찾아 문맥에서 벗어난 것은 아닌지 확인하고 다른 버전을 참조하세요.

질문 3 ▶ 어떻게 느끼시나요?

정확한 정보와 허위조작정보 모두 감정적인 문제입니다. 의도라는 것은 때때로 우리가 두려움을 느껴서 특정한 방식으로 행동하도록 겁을 줘요. 반대로 어떤 사람들은 우리가 현실이었으면 하는 희망의 오아시스를 제공하기도 해요.

어떤 것이
신뢰할 만한 정보이고,
어떻게 구분할 수 있을까요?

여러분의 어머니, 친척, 친구들은 신뢰할 수 있는 출처입니까? 여러분이 그들을 사랑한다고 해서 그들이 정보원일 수는 없어요. 인스타그램 팔로워와 진정한 친구를 혼동해서는 안 되는 것과 마찬가지로 친밀한 출처(사랑하는 사람)와 신뢰할 수 있는 출처(검증되고 양질의 정보를 제공하는 출처)를 혼동해서는 안 됩니다! 언론인들은 전문적인 활동을 통해서 자신의 의제, 즉 신뢰할 수 있는 전문가 목록을 작성하여 다양한 주제에 대한 엄격하고 귀중한 정보를 제공하고 문서 및 기타 관심 출처를 보여 줘요. 물론 모든 언론인이 다 그런 것은 아니지만요.

출처가 항상 **검증된 정보**만을 제공한다면 우리는 신뢰할 수 있는 출처를 갖게 될 거예요. 우리를 곤혹스럽게 하는 잘못된 출처를 피하기 위해서는 신뢰할 만한 출처를 꼭 붙들어야 해요.

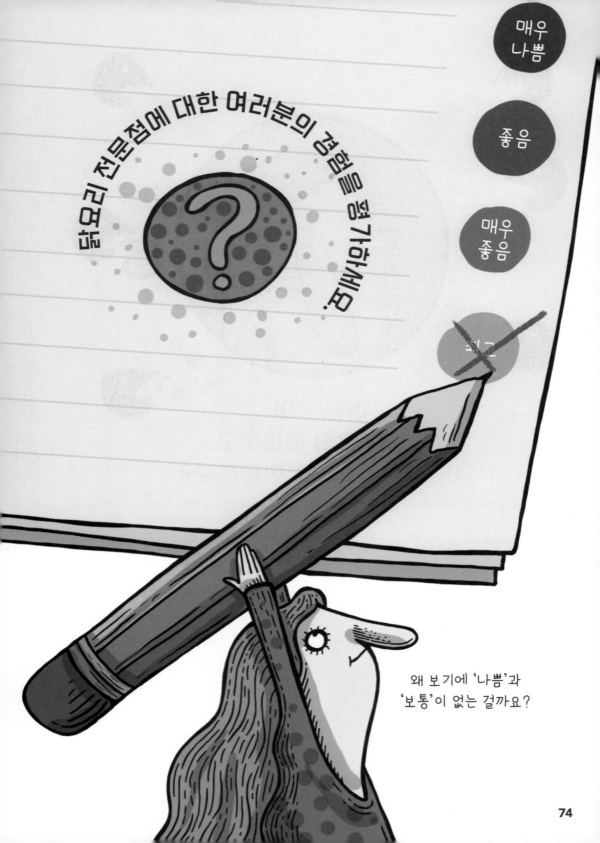

통계도 거짓말할 수 있어요

단순히 통계를 제시한 것만으로도 사실을 더 신뢰할 수 있다는 인상을 줄 수 있어요. 그것은 마치 우리에게 진리를 찾은 것 같은 기분이 들게 합니다. 그러나 그 숫자가 정확할까요?

온라인에서 통계, 막대그래프, 파이를 보게 되면 정확한 숫자인지 거짓으로 위장한 것인지 확인하세요.

● 출처는 어디서 왔나요?

'최근 설문 조사에 따르면' 혹은 '세계적인 학술지에 실린 연구 결과에 따르면'과 같은 말은 유효하지 않습니다. 출처를 찾으면, 그것이 최근의 것인지 오래된 것인지, 연구를 수행한 기관의 뒤에 어떤 이해관계가 있는 건 아닌지 알아보세요.

● 표집이란 무엇인가요?

데이터는 특정한 수의 사람들이 수행한 설문 조사의 결과입니다. 설문 조사에 답한 사람들을 표집이라고 해요. 표집은 충분해야 하고 대표성이 있어야 하지요. 즉 많은 사람에게 물어봐야 하고, 그들은 사회 전체를 대표해야만 합니다. 그렇지 않다면 데이터가 유효하지 않을 수 있어요.

● 어떤 질문을 제공하고 어떻게 구성하나요?

질문이 한쪽으로 치우칠 수 있습니다. 대답이 조건부인가요? 다양한 답변이 제공되나요? 의견이 포함된 질문이 있다거나 질문의 순서를 어떻게 배치하느냐에 따라 답변은 달라질 수 있어요. '네, 아니오'를 보기로 주는 닫힌 질문에는 동의 편향이 있어요. 왜냐하면 사람들은 부정적인 답보다는 긍정적인 답을 택하는 경향이 있거든요. 또 우리는 잘 보이는 대답에 더 쉽게 기울게 됩니다.

● 해석 및 시각화

데이터를 수집하거나 해석할 때 오류가 있습니까? 누락된 부분이 있나요? 자주 나타나는 오류와 조작은 다음과 같습니다.

• 당신이 옳다고 믿는 데이터만 수집하고 나머지는 못 본 척합니다.

• 부분을 전체로 혹은 전체를 부분으로 간주합니다. 엉망이지요!

• 비교할 수 없을 정도로 차이가 큰 서로 다른 설문 결과를 혼합합니다.

• 중요하지 않다고 믿게 하려는 것은 더 작게, 강조하고 싶은 것은 더 크게 그립니다. 그러면 어떤 관련도 없는 두 개의 문제가 연결될 수 있어요.

2010　　2012　　2014　　2016　　2018

50kg/년

40kg/년

30kg/년

20kg/년

10kg/년

피자

인스턴트 피자

트월킹을 못 추는 정도

그만두기를 권함

극도로 못함

아주 못함

못함

나쁘지 않음

트월킹

2010년부터 2020년까지
인스턴트 피자를 먹은 사람들과
트월킹을 못 추는 사람들 사이에
상관성이 있었다.

팩트체커 ▶
거짓말 사냥꾼들

무슨 일을 하나요?

대부분의 팩트체커는 국제 팩트체커 네트워크인
인터내셔널 팩트체킹 네트워크(International
Fact-checking Network)에서 만든 원칙을
따릅니다. 원칙은 다음과 같습니다.

- 초당파적 태도와 공정성에 대한 약속
- 출처의 투명성 ▶ 그들은 어디에서 거짓 정보를
  얻습니까?
- 자금 출처 ▶ 자금 조달 방법을 확인합니다.
- 방법론의 시작 ▶ 일하는 방법을 설명합니다.
- 백만 달러라고 말했던 것을 백 달러로 정정한다. ▶
  오류를 바로잡을 줄 알고 정직합니다. 그들은 오보와
  허위조작정보를 모니터링하고 식별하며 반박할 줄
  아는 전문 언론인입니다.

그럼 팩트체커는 누가 검증하나요?

아하! 백만 불짜리 질문이에요. 게시하기 전에
다양한 사람들이 각각의 검증을 내부적으로 검토합니다.
다른 팩트체커들이 활동을 감시하기도 해요. 그리고
단 하나도 놓치지 않는 독자들의 면밀한 조사 역시
존재하지요.

필수 도구

● 팩트 체크 익스플로러

우리가 쉽게 접할 수 있는 구글 도구로 이미 검증된 정보를 추적할 수 있어요. 우리는 어떤 주제나 특정 인물에 대해 마지막으로 한 말이 사실인지 거짓인지 확인할 수 있어요.

허위조작정보는
건강을 해칩니다.

오보, 부정확한 정보, 거짓 정보는
우리 건강을 해치고 생명을 위협할 수도
있어요.

"허위조작정보가 인생을
망칠 수도 있습니다."
풀 팩트(Full fact)

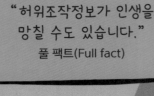

● 과거 추적 도구

1996년 인터넷 아카이브 비정부 기구(NGO)에
서 추진한 일종의 인터넷 도서관 열람실이에
요. 6,250억 개 이상의 웹사이트가 있고, 그것들
이 오랜 기간 어떻게 변해 왔는지 저장하고 있어
요. 이 도구는 웹사이트의 역사를 연구할 수 있고, 현
재 사용하지 않는 링크에 대한 정보들도 검색할 수 있으며,
해당 웹사이트에 의심스러운 변경 사항이 있는지 확인하는 데
도 도움이 됩니다.

과거 추적 도구는 어떻게 사용하나요?

'archive.org'
로 이동하여 검사를
원하는 웹사이트
주소를 넣습니다. 등록
창에 사용 가능한 모든
연도와 함께 타임라인이 나타날
거예요. 연도를 클릭하고 월, 일,
시간을 선택하세요. 짜잔! 이제
정보에 접근할 수 있습니다.

약 대신 기적

온라인에서 우리는 별다른 주의사항 없이 항상 해 볼 수 있는 쉽고 간단한
민간요법을 권장하는 포스팅을 찾을 수 있어요. 음, 신뢰하지 않는 것이 좋
습니다.

내가 한 말이니까

온라인에서 제안된 솔루션이 과학적으로 검증되었습니까? 과학인가요, 아
니면 유명 인플루언서나 어떤 친구의 개인적 경험에 근거한 건가요?

속이는 언어

과학 용어를 모방하여 만든 개념이 사용되었는지, 부정확한 형식의 과학적
개념을 사용했는지를 조사합니다.

정말 인과 관계가 있습니까?

인과 관계가 있는지 아니면 일시적이고 상관없는 관계인지 분석하세요. 다
음 문장은 무엇을 말하려고 한 걸까요? 누군가 "예방 접종 후 사망했습니
다."라고 말했습니다. 그러나 실제로는 예방 접종을 받고 가다가 트럭에 치
여 사망한 거예요. 백신을 맞고 사망한 것은 맞지만 백신이 사망 원인은 아
닌 거지요.

제 7 장

내가 본 것만 믿는다?

가짜 이미지와 동영상을 어떻게 식별할까요?

이미지 하나가 천 마디 말보다 더 효과적이라고 합니다. 그래서 사진이나 동영상은 천 마디 말보다 더 많은 거짓말과 허위조작정보를 퍼뜨릴 수 있어요. 가족의 추억, 찰나의 순간, 과학적 정보, 의견이 포함된 이미지와 동영상은 우리를 매혹시키고 함정에 빠뜨리기 쉬워요. 초당 수백만 개의 싹을 틔우는 모든 콘텐츠에는 거짓이 숨겨져 있을 수도 있으니까요.

'이미지로 보여 줄 수 없는 것은 존재하지 않는다.'는 말이 있습니다. 그러나 우리 눈으로 직접 본 것이 거짓이라면요? 왠지 처음부터 의심스러워 보이는 이미지나 동영상을 수신할 수도 있어요. 우리가 소비하는 정보를 확인하기 위해 무엇을 살펴봐야 하는지 알았으니 이제 적용하는 방법을 살펴보겠습니다.

도전이
받아들여졌어요!

휴대폰과 소셜 미디어를 통한 검증은 그 어느 때보다 내 손안에서 간편하게 이루어질 수 있어요. 매일 받는 엄청난 양의 가짜 뉴스 폭탄 속에서 우리는 비판적인 눈을 가져야 해요. 이미지나 동영상이 우리에게 사실로 보이더라도 의심해 보고, 경계하고 또 경계하며, 보는 모든 것을 그대로 믿지 않는 것이 좋습니다. 사람들에게 충격적이

초고속 검증

조금만 관심을 기울이면 검증 도구 없이도
우리 스스로 검증할 수 있어요.

거나 '눈길을 끄는' 뉴스를 공유하고 싶은 충동이 들 수
도 있지만, 즉시라는 함정에 빠지지 않도록 해야 해요.
때로는 거짓말이 눈에 보이고 명백하게 나타나기 때문
에 식별하는 것이 매우 쉬울 때가 있습니다. 어떤 경우
에는 검증하기 위해 특정 도구, 기술, 심지어 전문가 팀이
필요해요. 팩트체커 외에도 언론인과 기타 인터넷 사용
자의 도움을 요청해야 하는 이러한 상황을 '교차 검증'
이라고 합니다.

1. 다른 사람과 비교하여 머리가 지나치게 큽니다.
2. 한 사람은 그림자가 없습니다.
3. 남성의 목과 셔츠의 목 부분이 맞지 않습니다.

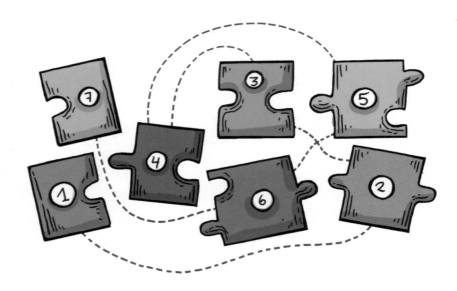

철저한 검증

여기서 다루는 검증은 직관적이지 않고 복잡해요. 시간, 언론인, 전문가의 도움이 필요합니다.

군인들이 잔학 행위를 저지르는 동영상을 받았다고 가정해 보세요. 그런데 정부는 사실을 부인하고 가짜 영상이라고 주장합니다. 사실일까요, 아니면 일어난 일에 대해 책임지기를 원하지 않는 걸까요? 이러한 유형의 검증에는 디지털 기술을 갖춘 숙련된 언론인뿐만 아니라 지리학자, 무기 전문가, 현지 언어 및 사투리, 구글 지도 등의 도구도 포함됩니다. 누가 이러한 범죄를 저질렀는지 알아야 하고, 공개적으로 법적 조치를 해야 하므로 반드시 필요한 전문 검증입니다.

어디서? 언제? 누가?

● 우리는 산줄기를 보고 구글어스에서 확인해요.

● 보이는 건물은 사건이 일어난 장소에 대한 단서를 제공해요. 구글 스트리트 뷰 시간 도구를 사용하면 건물이 언제 지어졌고 언제 철거되었는지 알 수 있으며 사건의 시간대를 알 수 있어요.

● 당시 계절을 알기 위해 태양의 그림자를 관찰해요.

● 그곳에 주둔한 군인들의 페이스북 프로필(또는 다른 소셜 미디어)에도 관련 정보가 포함될 수 있어요.

● 무기와 제복의 유형도 단서가 될 수 있어요. 어떤 국가 또는 지역에서 사용합니까? 누가 이 제복이나 무기를 사용할 수 있습니까?

비판적인 시각
가짜 이미지와 동영상 사냥하기

가짜 이미지나 동영상을 원본과 같이 보여 주면 차이점을 찾기가 매우 쉬울 거예요. 그런데 원본이 사라지면 어떻게 될까요? 그럴 때는 속임수를 어떻게 찾아낼 수 있을까요?

● 단서

SIFT 방법의 첫 단계를 기억하세요? 네, Stop 정지였습니다. 잠시 멈추고 여러분 앞에 있는 것을 면밀히 조사해야 해요. 어떤 이상한 요소가 포함되어 있나요? 삐걱거리는 것이 있습니까? 예를 들어 동영상에서는 프레임 단위 검사, 즉 영상을 매우 천천히 넘겨 가며 조작이 있는지 확인해야 합니다. 그림자, 움직임, 사람 소리, 들리는 여러 소리 등 모든 요소에 집중하세요.

● 원작자

누가 그 이미지나 동영상을 만들었을까요? 출처는 신뢰할 수 있나요? 배후에 누가 있는지 들여다보고 사진이나 동영상이 언제 어디서 찍혔는지를 대조할 수 있는지 확인해야 합니다. 출처가 미상이거나 추적할 수 없는 경우라면 조심하세요! 이상적인 방법은 신뢰할 수 있는 사람이 사진이나 동영상을 촬영한 그 날짜, 시간, 상황에 대한 설명을 우리에게 확인해 주는 것입니다.

● 원본

이미지 혹은 동영상이 원본일까요, 아니면 누군가가 조작한 걸까요? 역이미지 검색(94페이지 참조)을 수행하여 그 이미지에 다른 버전이 존재하는지 확인하거나 동일한 동영상의 다른 버전들이 있는지 검색할 수 있어요. 나쁜 의도를 가지고 조작하는 방법에는 수천 가지가 있다는 사실을 기억하세요.

● 장소

사진이 어디에서 찍혔는지 또는 어디서 동영상이 녹화되었는지 우리가 알 수 있을까요? 작은 것 하나도 놓치지 마세요. 예를 들면 거리와 상점의 이름, 상징적인 건물, 발코니의 깃발, 교통 표지판, 벽화, 식물 등이 있어요. 메타데이터, 즉 사진 및 동영상과 관련된 원본 데이터도 매우 중요할 수 있지요.

● 날짜

사진이 언제 찍혔는지, 언제 동영상이 촬영되었는지 아는 것은 필수입니다. 오래된 사진이나 동영상에 속지 마세요. 그것을 찾아내기 위해 메타데이터 혹은 역방향 추적을 사용할 수 있어요.

● 상황

사진을 왜 찍었을까요? 어떤 상황에서 동영상을 촬영했을까요? 이 촬영을 둘러싼 동기와 상황을 아는 것은 꼭 필요합니다. 맥락은 사물을 올바르게 해석하는 데 필수니까요.

각각의 사진은 찍는 사람의 관점을 반영해요

사진은 정보와 마찬가지로 객관적이지 않습니다. 사진은 관점을 찾고, 목적에 초점을 맞추며, 이야기를 보고 반응을 찾아 무언가를 남기는 등 셔터를 누르는 사람의 시선을 반영해요. 따라서 사진은 충실한 현실의 초상화가 아니라 찍는 사람의 주관성이 담긴 스냅 사진입니다.

공중에서 촬영하는 것과 팔을 들고 머리 위에서 찍는 것은 같지 않아요. 첫 번째 사진에는 사람이 적은 것 같습니다. 두 번째 경우에는 사람이 많은 것처럼 보입니다. 여성을 촬영할 때 일반적인 전신 사진이나 얼굴을 클로즈업해 촬영하는 것과 목선에 초점을 맞춰 상반신만 촬영하는 것은 달라요. 미디엄 숏이라고 하는 상반신 촬영은 여성의 아름다움만 강조하거든요. 또한 위에서 찍은 스냅 사진은 사람을 작아 보이게 하고, 반대로 아래에서 올려다보듯 찍은 스냅 사진은 사람을 길게 보이게 하려는 의도가 담겨 있어요.

빛이나 색조의 선택도 가볍게 볼 수 없어요. 어떤 사람에게 스포트라이트를 비추면 중요한 사람이라는 뜻이 됩니다. 빛이 비치지 않는 곳에 있는 사람은 조연이 되는 거고요. 따뜻한 색감은 긍정적인 감정과 관련이 있어요. 차가운 색조는 슬픔과 거리를 나타냅니다. 어떤 경우든 주관적인 관점과 조작하고 혼동을 주기 위한 프레임을 선택하는 것은 또 다른 문제입니다.

카메라 앵글이 다르지만 같은 장면
이 사람은 손가락으로 욕을 하고 있나요, 아니면 단지 손가락만 쳐다봤던 걸까요?

조작의 관점

더 닫힌 앵글로 본 같은 장면
이 사람은 토마토를 자르고 있는 것이 맞나요?

속이는 동영상 유형

조작된 이미지를 사용한 정보로는 등장인물 혹은 음성 해설이 말하는 정보가 거짓인 경우, 이미지와 용어 모두 가짜인 경우가 있습니다. 글랜 케슬러 기자가 이끄는 팩트 체커 팀이 만든 조작된 비디오에 대한 가이드라인과 미국의 권위 있는 신문 워싱턴 포스트는 가짜 동영상을 다음의 세 개의 유형으로 구분합니다.

첫째, 원본의 맥락을 제거하고 정치적, 경제적, 혹은 다른 종류의 의도를 가진 새로운 맥락을 부여합니다. 이것은 다시 두 가지 유형으로 분류됩니다.

1

텍스트에서 추출한 정보

● 잘못된 해석

이미지만으로 모든 것을 설명할 수 없을 때는 무슨 일이 일어나고 있는지 이해하기 위해 텍스트가 아주 중요한 열쇠가 됩니다. 그러나 텍스트가 정확하지 않고 거짓이라면 동영상에도 악의적인 맥락이 있어요. 그것은 사기예요. 예를 들어 볼까요? 어떤 사람들이 망치로 태양 전지판을 부수는 비디오가 있어요. 텍스트에는 영상 속 전지판을 만든 대가를 받지 못한 인도 노동자들의 시위라고 적혀 있어요. 이 영상에 기부받은 태양 전지판을 비정부기구(NGO)가 깨부쉈다는 텍스트를 제공한다면 조작이 되겠지요.

● 분리

이 가이드라인에서 말하는 분리란 전체 비디오에서 일부를 추출하는 거예요. 이 부분은 실제로 발생한 것과 다른 것처럼 보이는 매우 구체적인 부분이에요.

둘째, 의미를 바꾸기 위해 이미지를 편집합니다. 다음 두 개의 방식을 사용합니다.

● 의도적인 삭제

적합하지 않은 영상의 일부를 삭제합니다. 해당 부분을 없애면
의미가 변하니까요.

● 편집 사기

서로 다른 부분 혹은 동영상의 연결점을 모아서 만든 가짜 동
영상을 말해요. 정직한 편집이 아닌 저속한 연출을 하는 것이
지요. 예를 들어 두 명의 다른 사람이 나오는 두 개의 영상을 합
쳐서 하나의 영상을 만들고, 그 자리에서 없었던 대화를 삽입
하는 방식이에요.

2

속이는 편집

3

악의적인 변형

셋째, 동영상에 어떤 요소가 추가되거나 제거되었고, 프레임이 변경되었거나, 빛이나 색상이 조작되었거나, 음성의 속도가 느려지거나 빨라졌을 때 조작이라고 합니다. 이 모든 것은 속이겠다는 의도로 이루어집니다.

● 인공지능의 거의 완벽한 거짓말

워싱턴 포스트 가이드라인에는 '제조'라는 말이 나옵니다. 딥페이크가 이 범주에 속하고, 인공지능 기술을 사용해 조작하거나 생성한 비디오 또는 오디오가 해당됩니다. 종종 실제처럼 보이기 때문에 식별하기 어려워요. 인공지능 기술은 정말 놀랍습니다! 그러나 이것을 물리칠 수 있는 몇 가지 묘책이 있어요. 그림이 너무 잘려 있는 건 아닌지, 안경의 반사가 없는 건 아닌지, 이미지의 질이 떨어지는 건 아닌지, 목소리가 그 사람의 목소리와 일치하는지 확인하세요.

동영상에 포함된 정보를
대조하려면 판테라(PANTERA)
또는 시프트(SIFT) 방법을
사용하세요. 또 이성적으로
판단하셔야 해요. 동영상에
포함된 특수 효과나 음악의
리듬이 유발하는 감정에 속을
수 있으니까요. 다시 말하면,
그것들은 우리가 보이는 것 이상을
보고 싶지 않아 한다는 매우
본능적인 감정을 불러일으키도록
만들어진답니다.

의심스럽다면 확인하세요.

누군가 여러분에게 카카오톡을 통해 보낸 콘텐츠, 그리고 소셜 미디어에서 보는 사진이 조작되거나 맥락에 맞지 않을 수 있다는 의심이 드는 경우 황금률은, 공유하지 않는 거예요. 그리고 그것을 대조하고 가짜에서 원본 사진에 이르는 역 경로를 재구성하세요. 아래는 이를 하기 위한 도움말입니다.

도움말 1 ▶

역이미지 검색을 하세요.

카메라 아이콘을 클릭하고 의심스러운 사진 파일이나 링크를 업로드하세요. 검색 엔진이 인터넷을 검색해 해당 스냅샷이 나타나는 웹사이트나 블로그를 감지합니다. 틴아이(Tineye)뿐만 아니라 다양한 검색 엔진(예: 구글, 네이버, 다음)을 사용할 수 있어요. 또한 구글렌즈를 사용하면 포스터와 텍스트를 번역할 수도 있어요. 역이미지 검색을 사용하면 가짜 자료가 들어 있는 사진과 조작된 사진을 찾아낼 수도 있습니다.

도움말 2 ▶

실제 위치를 찾으세요.

구글 지도나 맵필러리(Mapillary) 같은 지도 애플리케이션을 사용하세요. 건물 외관과 거리뷰를 볼 수 있습니다. 여러분이 찾는 장소의 정확한 위치를 찾아내고 확인할 때까지 앞뒤로 스크롤해 보세요.

세부 사항을 확인하세요.

아직 더 있습니다! 구글 스트리트 뷰의 왼쪽 윗부분에 시계가 있는 것을 볼 수 있어요. 그것을 열면 임시 줄이 표시되고, 몇 년 동안 그 거리가 어떻게 변했는지 알 수 있어요. 대조하고 싶은 이미지는 언제 찍힌 건가요? 건물이 철거되지 않았는지, 상점이 바뀌지는 않았는지 등을 살펴보세요. 날짜를 찾아내는 또 다른 유용한 검색 엔진은 울프럼 알파(Wolfram Alpha)의 '날씨와 기상학' 섹션으로, 전 세계 모든 곳의 특정 시간대 날씨를 알 수 있습니다

가짜 깃발에 따른 허위조작정보

전쟁에서 가짜 깃발 작전이란 적이 공격한 것으로 보이지만, 실제로는 같은 편에서 자행된 공격을 말해요. 정보 전쟁에도 미디어 포렌식 허브 연구소의 공동 소장인 패트릭 워렌 교수가 이름을 붙인 '가짜 깃발에 따른 허위조작정보'가 등장하기 시작했습니다.

가짜 깃발에 따른 허위조작정보란 무엇일까요? 한쪽이 건물을 폭격했지만 인정하지 않는 상황을 가정해 보세요. 그들은 적이 꾸민 선전용 가짜 뉴스라면서 폭격의 실제 이미지를 유포하고, 동시에 폭격 전 건물의 온전했던 외관을 공개하며 현재의 모습이라고 주장하기도 합니다. 그래서 가짜 뉴스로 추정되는 이 정보가 실제로 일어난 사실인지 대조해야 합니다. 이는 러시아의 우크라이나 침공 당시 드러난 새로운 위장 전술입니다.

필수 도구

● 동영상 역검색
여러분 생각에 중요해 보이는 한순간 혹은 여러 순간을 '스크린샷'할 수 있고, 그다음에는 이미지를 역으로 검색할 수 있어요.

● 유튜브 데이터 뷰어
인권 보호를 미션으로 하는 조직인 국제엠네스티에서 후원하는 이 도구는 유튜브 동영상을 비교하는 데 도움이 됩니다. 동영상 링크를 보관함에 넣고 그것에 대한 정보와 업로드한 날짜를 찾고, 역이미지 검색을 위해 캡처 화면들을 넣어 보세요.

● 키워드 검색
소셜 미디어나 다른 기구, 검색 엔진 등에서 키워드를 검색해 동영상의 다른 버전이 있는지 찾아보세요.

● 인비드(INVID) 프로젝트
유럽 연합이 언론인들과 연구원들을 초빙해 진행하는 프로젝트예요. 검증 과정을 보다 효율적으로 수행하기 위해 브라우저에 추가할 수 있는 가장 완벽한 필수 플러그인 중 하나입니다. 인비드에는 이미지나 동영상의 일부를 확대하는 돋보기, 프레임별로 비디오를 보

팟캐스트
너에게 들려주는 허위조작정보

팟캐스트가 호황을 누리고 있습니다. 그리고 이러한 대유행 중에 허위조작정보가 포함될 수도 있음을 발견한 사람들이 있습니다. 경계를 유지해야 해요!

검증하는 데 도움이 된다고 했던 다양한 도구들은 팟캐스트의 정보를 확인하는 역할도 합니다. 여러분이 팟캐스터를 좋아한다고 해서 무조건 믿지 마세요. 팟캐스터들은 외모도 속일 수 있으니까요!

는 도구, 이미지가 조작되었는지를 분석하는 데 도움이 되는 포렌식과 같은 도구가 포함됩니다.

● 엑시트 뷰어(EXIT VIEWER)로 보내기

이것은 이미지에서 메타데이터를 가져올 수 있는 크롬 확장 프로그램이에요. 메타데이터는 파일과 관련된 데이터입니다. 확장 프로그램은 무료이며 사용하기 쉬워요.

● 구글 스칼라와 펍메드 (PUB MED)

이미지나 동영상에 과학이나 건강 정보가 포함된 경우 구글 스칼라 또는 펍메드와 같은 전문 검색 엔진을 사용하세요. 펍메드는 건강에 특화되어 있습니다.

스트리머
여과 없는 심각한 가짜

스트리머는 트위치나 아프리카 TV 같은 플랫폼에서 방송을 하면서 우리와 몇 시간씩 함께합니다. 그들과 상호 작용할 수도 있어요! 이렇게 긴 대화를 하다 보면 때때로 거짓 정보가 일부 섞일 수 있습니다. 스트리머가 실수를 하거나 잘못된 기억을 말하거나 어느 시점에서는 우리를 속일 수도 있어요. 의심스러운 부분은 적어서 확인해야 해요. 무조건 믿지 마세요.

제 8 장

우리를
낚으려는 가짜들

인터넷에서 우리를 낚으려고
시도하는 허위조작정보

허위조작정보는 소셜 미디어에서
시작된 것이 아니라 계속 존재해
왔던 거예요. 하지만 이러한
플랫폼이 허위조작정보의
바이러스화를 돕는 건 맞습니다.
세계로 퍼져 나간 수백만 개의
만들어진 거짓말이 있으니까요.
허위조작정보를 만들어 내는 트롤,
봇, 사이버 군대를 조심하세요!

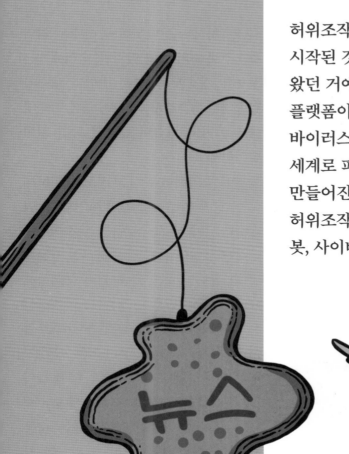

인터넷 공간은 우리가 정보를 얻는 방
식에 혁명을 일으켰고, 전 세계의 사람
들과 즉각적으로 연결할 수 있게 했습
니다. 우리가 알지 못했을 것들을 다양
한 방식으로 알 수 있게 했고, 누구든 목
소리를 낼 수 있게도 했어요. 그러나 중
독, 사생활 침해, 사이버 괴롭힘과 같은
위험도 나타났어요. 정신 건강과 안녕,
행복을 위협하고 있는 거지요. 그러므로
어떻게, 언제, 얼마나 사용하는지 반성
하면서 이용해야 합니다.

인터넷 정보 대조하기

지금까지 살펴보았듯이 인터넷은 허위 조작정보로 가득 차 있지만, 우리에게는 정보를 대조할 수 있는 방법과 도구가 있습니다(65쪽과 85쪽 참조). 소셜 미디어를 탐색하고 의심이 간다면 남김 없이 확인하세요!

출처에 주의해야 한다는 것도 기억하세요. 링크가 있는 뉴스라면 확인할 수 있습니다. 추측성 기사의 뉴스 사진이라면 조작된 사진이 담긴 거짓 정보일 가능성이 더 큽니다. 계정을 자세히 분석하세요. 그런데 개인 또는 기관을 사칭하는 것 같나요? 그렇다면 콘텐츠나 프로필이 거짓이라고 신고한 사용자가 이미 있는지 확인합니다. 구체적인 예를 들어볼게요. 트위터의 고급 검색에서 게시물을 확인하려는 경우에는 사용자 이름, 날짜, 태그, 기타 키워드와 같은 매개변수를 입력할 수 있습니다. 이용 가능한 모든 자원을 사용하세요. 절대 속지 마시기 바랍니다!

트롤을 잡아라!
트롤인지 아니면 합법적인 활동 계정인지 확신할 수 있나요? 여기서 트롤을 찾아보세요!
spotthetroll.org

소셜 미디어의 경고에 주의하세요

내용을 제대로 읽지 않고 링크를 트위터에 공유하려고 한다면 하지 않는 것이 좋아요. 잘 알다시피, 정보를 대조하려면 제목 너머의 맥락을 읽어야 합니다. 콘텐츠가 검증되고 거짓으로 드러나면 트위터는 '부분 조작 콘텐츠'라고 경고할 수 있습니다. 클릭을 하면 왜 부분 조작 콘텐츠인지 어떤 검증자가 그것을 신고했는지 더 자세히 설명합니다. 다른 플랫폼에서도 비슷한 방식으로 이런 절차를 진행합니다. '경고: 이 동영상에서 확인되지 않은 콘텐츠를 감지했습니다'(TikTok), '독립 팩트체커가 검증한 거짓 정보'(인스타그램).

보토미터(Botometer)와 같은 다른 도구가 도움이 될 수도 있어요. 이것은 학습 알고리즘 기계로 트위터 계정의 특정 매개변수를 분석해 봇인지 팔로워인지 판단합니다.

패러디 계정을 봇과
구분하는 방법

@marialabuena
마리아 마네이로 총리
패러디 계정

● 패러디 계정

재미있는 사진 프로필과 대문 사진에 코믹한 의도를 담고 있습니다.

패러디한 이름 패러디하려는 사용자의 이름과 매우 유사하거나 재미있을 수 있습니다.

독특한 자기소개 자기소개에 웃음을 유발할 수 있는 정보가 포함되어 있습니다. 자신의 콘텐츠는 물론 공유한 다른 사람의 콘텐츠에도 유머와 신랄한 사회 비판이 많습니다.

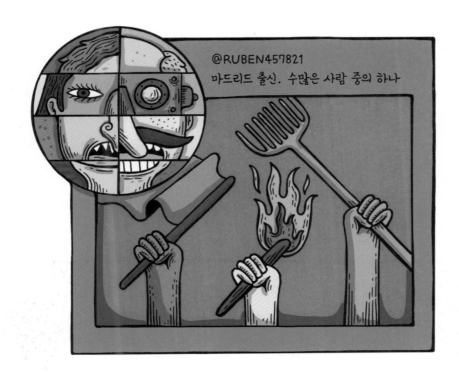

@RUBEN457821
마드리드 출신. 수많은 사람 중의 하나

● 봇

사용자 계정에 숫자가 많이 들어 있습니다.

수상한 자기소개 개인 정보가 누락되었거나 일반적이고 구체적이지 않습니다.

가짜 사진 프로필 사진이 없거나, 누군지 식별할 수 없는 사진을 올렸거나, 계정과 일치하지 않는 다른 사람의 사진을 사용합니다.

하나의 주제 또는 선동하는 메시지 사람들은 다양하고 다양한 관심사를 가지고 있으며, 온라인에서 유통되는 메시지도 다양해요. 그러나 허위조작정보 봇의 경우는 그렇지 않아요. 뿐만 아니라 새로운 인공지능 언어인 GPT-3은 기계가 사람처럼 글을 쓸 수 있게 하여 실제 사람의 계정인지 아닌지 판단하기 어렵게 만듭니다.

활동 한 사람이 했다고 보기 어려운 너무 많은 게시물이 올라와요. 보통 소셜 미디어에 그렇게나 많은 게시글을 올릴 시간이 많지 않은데, 안타깝네요.

봇넷 "하느님께서 사람들을 만드시니 그들이 함께한다."라는 속담을 아세요? 네. 실생활에서와 같이 인터넷 공간에서도 성향이나 특성이 비슷한 사람들이 모여 관계를 형성한다는 뜻이에요. 봇은 팔로워가 거의 없으며, 그들을 팔로우하고 또 그들이 팔로우하는 계정도 봇입니다.

인터넷
뒤에는 누가 있습니까?

인터넷 홈페이지나 정보 뒤에 누가 있는지 알 수 있는 방법은 다양

1. 기사를 작성한 사람을 검색하세요. 공식 프로필이 있습니까?

2. 홈페이지의 '회사 소개' 섹션을 읽고 소개 글을 평가하세요.

3. 누가 그 도메인을 구입했습니까? 아이칸(ICANN), 한국인터넷정보센터(K
   룩업(DNS Look Up)이라는 도구를 사용해 도메인을 등록한 개인이나 기관에
   데이터가 있는지 확인할 수 있어요.

4. 검색 엔진에서 웹사이트, 사람 또는 단체를 검색하고
   그 옆에 '위키피디아'라는 단어를 씁니다.

찾고 있는 것을 찾을 수 없으면 어떻게 할까요?

정보를 검증할 때는 검색을 계속해 보는 것이 중요해요. 그러나 우리가 일반적으로 하는 검색은 실망스러울 수 있어요. 검색 엔진은 종종 우리가 사용하는 단어의 의미를 이해하지 못하거나 별로 유용하지 않은 결과를 제공하기도 해요. 다음은 검색 엔진 활용을 위한 몇 가지 팁입니다.

1. 특정 단어를 검색하려면 단어를 인용 부호로 묶어야 합니다. 예 ▶ "버락 오바마"

2. 특정 웹사이트에서 무언가를 검색하려면 'site'를 추가하세요.
   예 ▶ site : elpais.com.화산

3. 소셜 미디어에서 무언가를 찾으려면 그 앞에 @를 붙입니다. 예 ▶ @tiktok.

4. 단어를 조합하려면 'AND'를 입력하고, 다른 두 개를 같이 검색하려면 'OR'를 입력하십시오. 예 ▶ '바다 and 오염'

5. 특정 단어를 제외하려면 ' - '를 추가합니다. 예 ▶ 산 - 에베레스트

6. 특정 형식의 자료를 검색하려면 '파일 형식'을 입력합니다.
   예 ▶ 백신 filetype : pdf

최신 정보나 특정 언어 선택과 같은 여러 기준을 선택할 수 있는 구글 고급 검색도 유용해요. 다른 검색 엔진을 사용하는 경우 검색 바로가기 및 고급 검색을 탐색할 수 있어요. 빙에서는 이미 구글에 대해 언급한 많은 트릭이 작동하지요. 여러분을 팔로우하거나 관련 정보를 저장하지 않는 검색 엔진 덕덕고(DuckDuckGo)에서는 특정 웹 페이지를 검색하기 위해 '!'를 사용할 수도 있습니다.

인터넷에서
활동하는
그들은
누구일까요?

때때로 우리는 모르는 사람이 게시한 의심스러운 주제를 보고 그 사람이 신뢰할 만한 사람인지 혹은 정보를 잘 해석하는지 보기 위해 그 사람을 확인하고 싶어 합니다. 어떻게 할 수 있을까요? 구글, 덕덕고, 빙과 같은 검색 엔진에서 정보를 검색하는 좋은 방법이 있습니다. 또한 그 사람이 다른 소셜 미디어에 계정이 있는지 확인해 프로필과 게시물을 검토할 수도 있고, 병원이나 대학에서 일하거나 협회 회장인 경우에는 공식 홈페이지에서 검색할 수도 있어요.

내가 무엇을 할 수 있을까요?

많은 소셜 미디어는 허위조작정보와 맞서기 위해 대응합니다. 콘텐츠를 금지하고 계정을 폐쇄하는 것이 표현의 자유와 같은 권리를 침해할 수 있으므로 어떤 경우에는 논란이 되기도 해요. 이 때문에 알고리즘의 투명성, 허위조작정보 거래를 방지하는 등 논란을 피할 수 있는 조치를 제안하는 사람들도 있습니다.

온라인에서 할 수 있는 또 다른 방법은 외부의 팩트체커와 협력해 해당 환경에 침투한 부분 조작 콘텐츠를 검증하고 분류하는 거예요. 그러나 문제는 검증하는 데 시간이 걸릴 수 있고, 거짓말 바이러스는 만들어지자마자 처음 몇 시간 안에 엄청나게 확산한다는 거지요. 그렇기 때문에 우리 스스로가 정보를 검증하고 비판적으로 생각하는 방법을 아는 것이 중요합니다.

사람을 검색하기 위해 웹미(Webmii)와 같은 검색 엔진을 사용할 수 있습니다. 웹미는 이름에 초점을 맞춰 인터넷에 있는 공개 정보를 수집합니다. 웹미에서는 홈페이지, 소셜 미디어 계정, 간행물 등 모든 것을 찾을 수 있습니다.

(주의! 때때로 이 정보는 같은 이름이나 성을 가진 여러 사람을 찾기도 합니다.)

축하합니다!

허위조작정보 제공자들의 게임은 끝났습니다. 이제 그들은 여러분을 더 이상 속일 수 없어요. 잘 했습니다! 하지만 여기서 끝이 아니라 또 다른 여정이 시작됩니다.

어떤 주장, 이미지, 동영상이 가짜인지 확인하는 것은 의혹에 답하는 것입니다. 그러나 여기서부터 많은 질문이 시작됩니다. 진실하고 완벽한 정보는 무엇일까요? 어디서 그런 정보를 얻을 수 있을까요? 누가 나를 속이려고 하는 걸까요? 왜 그랬을까요? 관련하여 어떤 다른 출처들이 있나요? 다른 관점은 있나요? 왜 이 주제는 다루고 어떤 주제에 대해서는 침묵합니까?

앞서 본 것처럼 정보가 무성한 정글에 들어가려고 해도 덤불로 덮여 있어 길이 잘 보이지 않습니다. 그럼에도 불구하고 이 거친 환경에서 걸려 넘어지지 않고 걷기 위해서는 먼저 길을 열어 주고, 허위조작정보를 잘라 내며 좀 더 자유롭게 걸어야 합니다. 이것은 창의적이면서도 서로 협력해야 하는 작업이에요.

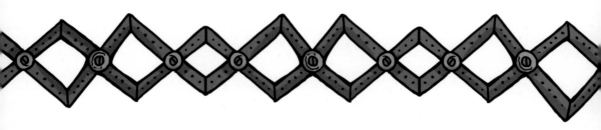

정보 오염 제거 십계명

1. 가짜는 그만!

허위 또는 의심스러운 콘텐츠를 발견하면 공유하지 마세요. 오보와 허위조작정보를 확산시키는 것을 돕지 말아야 합니다. 바이러스가 퍼지지 않는다면 크게 해롭지 않아요. 가짜라는 바이러스를 유통하지 않아야 허위조작정보 제공자들과 공범자가 되지 않습니다.

2. 촘촘한 체에 통과시켜 보세요.

여러분은 정보, 사진, 동영상 및 소셜 미디어 계정을 대조하는 방법을 이미 알고 있을 거예요. 지난 일과 일치하는지 아닌지 의심스러운 내용을 확인해 보세요. 비판적 사고를 키우기 바랍니다.

3. 디지털 검증을 공유하세요.

허위 콘텐츠를 찾아낸 경우 다른 사람들이 대조할 수 있도록 확인 과정을 설명해 주세요. 이렇게 하면 여러분이 속한 공동체의 디지털 경쟁력을 높이는 데 도움이 될 거예요.

4. 새로운 방법을 찾아요.

허위조작정보는 역동적이며 끊임없이 변화합니다. 따라서 내용의 진위를 분석하기 위한 새로운 방법과 도구에 주목해야 합니다.

5. 예의바르게 하세요.

뒤섞인 콘텐츠를 믿는 사람들을 비난하지 마세요. 그들이 거짓말을 드러내는 단서를 보고도 눈치채지 못했거나 대조하는 방법을 모른다면 그들을 도와주세요. 그들이 조사하고, 출처를 분석하며, 데이터를 검증하도록 격려해 주세요. 무엇보다 다른 사람들 앞에서 가짜에 속았다는 증거를 드러내지 말고, 사적이거나 꾸짖는 말투가 아니라 정중하게 말하기 바랍니다.

6. 공감과 끈기

검증할 줄 몰라서 거짓을 모르는 척하는 사람도 있고, 서로 좋은 사이라서 거짓말을 믿어 주는 사람도 있습니다. 후자의 경우 이야

기할 수 있고 공감할 수 있는 아주 가까운 친구와 가족이 아니라면 말하는 것이 참 어려워요. 처음은 어렵지만 정보 오염을 제거하려면 계속해야 합니다.

7. 검증자의 시선

뒤섞인 콘텐츠를 식별하고 경고하기 위해 활동하는 팩트체커들이 많이 있습니다. 그들의 웹사이트와 소셜 미디어를 팔로우하면, 앞으로 다가올 거짓말에 대한 면역이 생길 수 있습니다.

8. 신뢰할 만한 출처를 선택하세요.

악성 가짜가 뿌리내리는 것을 막는 가장 좋은 방법은 우리가 가지고 있는 양질의 정보와 지식에 접근하는 거예요. 그것은 매우 효과적인 백신입니다. 여러분이 잘 알고 있으면, 그들이 여러분을 속이는 것이 그만큼 더 어려울 거예요.

9. 허튼소리는 하지 마세요.

날씨와 같은 가벼운 이야기를 할 때도 가능하면 풍부하고 가치 있는 의견을 말하세요. 무엇보다 추가 정보를 알고 있거나, 정확한 데이터로 정확하지 않은 내용을 바로잡아 줄 수 있거나, 완성도를 높이고 맥락화에 도움이 되는 정보를 줄 수 있다면 그렇게 하세요.

10. 엄격하게 만드세요.

인터넷에서 정보를 생성할 때는 엄격하고 책임감이 있어야 합니다. 기억이 정확하지 않으면 자료를 확인해 보세요. 정보의 출처를 밝히세요. 혼란을 줄 수 있는 점을 명확히 하고 발생할 수 있는 오류를 수정해야 해요. 질 높은 콘텐츠를 만들어 보세요!

퀴즈 풀이

제1장 8쪽

우리 가까이에 있는 허위조작정보

1. A ▷ 여러분은 실수를 했고 이미 오래된 정보를 참조했어요. 다음에는 더 조심해야 해요!

2. C ▷ 이 유형의 콘텐츠는 증오로 가득 차 있어요. 공유해서는 안 됩니다.

3. A ▷ 여기서 책임자란 알고리즘, 프로그래밍, 데이터를 만든 사람이에요. 알고리즘에는 편향이 있습니다. 기술은 보다 윤리적인 알고리즘을 위해 쓰여야 해요.

4. B ▷ 팩트체커나 검증자는 이 거짓 정보 생태계를 정화시키는 데 매우 중요한 역할을 해요.

5. A ▷ 딥페이크는 더 정교한 사기이지만 식별할 수 있어요. 속지 마세요!

6. A ▷ 허위조작정보는 누군가(이 경우 이민자)를 해칠 의도에서 만든 혐오의 거짓 정보예요.

제4장 43쪽

탈출: 인지 편향에서 벗어나려면

1. **C** ▷권위 편향. 클로스카 스탑은 다니엘이 따르는 인플루언서이기 때문에 교황이 실제 그런 발언을 했는지 주장을 확인하는 대신에 그가 설명하는 내용에 신뢰성을 부여합니다.

2. **A** ▷확증 편향. 다니엘은 자신의 신념을 재확인하는 콘텐츠를 신뢰하므로 기후 위기는 큰 거짓말이라고 생각합니다.

3. **B** ▷고정 편향. 다니엘은 자신이 정말 좋아하는 가수의 부적절한 행동에 대해 처음으로 본 정보를 신뢰했어요. 나중에 가수가 부인한 것을 보았지만, 다니엘은 그가 세금 탈루를 했다고 계속 믿고 있습니다.

4. **C** ▷ 집단 편향. 항상 자신이 속한 그룹이 최고라고 생각하는 경향이 있어요. 다니엘도 상대 팀이 먼저 심판을 모욕했고 자기가 좋아하는 축구 팀은 그에 대한 대응을 한 것이었다고 생각하거든요.

제5장 48쪽

속임수는 어떻게 속임수가 될까요?

1. 부분 조작 콘텐츠 ▷원본 사진에는 해당 메시지가 나타나지 않았지만 이미지를 조작하는 것은 매우 쉬워요.

2. 일부러 만들어 낸 콘텐츠 ▷일간지 뉴욕 미니츠는 존재하지 않아요. 모든 것이 활동가의 신용을 떨어뜨릴 목적으로 조작되었어요.

3. 가짜 자료 ▷FC바르셀로나의 스포츠 경기 승리 사진이에요. 그래서 많은 사람이 그 축구 클럽의 유니폼을 입고 있습니다.

4. 낚시성 제목 ▷관심을 끌기 위한 사이버 갱의 명백한 예입니다. 헤드라인에서 닭에 호르몬이 없다는 것을 생략하고 위험이 있음을 암시하면 확실히 더 많은 클릭을 얻을 수 있습니다.

제6장 64쪽

사실 혹은 의견?

1. 의견 2. 사실 3. 의견 4. 의견 5. 사실

찾아보기

글 네레이다 카리요

바르셀로나 자치대학교(UAB)에서 언론학 박사학위를 받고 언론인, 대학교수, 연구원으로 활동하고 있습니다. 가짜 뉴스에 맞서기 위한 비판 정신을 키우고 정보 검증 방법을 가르치는 공개교육 프로젝트 'Learn to Check'를 추진했습니다. 이후 미디어 교육 강의와 프로젝트를 꾸준히 하고 있습니다.

그림 알베르토 몬트

에콰도르 키토에서 태어난 일러스트레이터입니다. 지난 몇 년간 블로그에 그림을 공개해 왔습니다. 콜롬비아, 페루, 아르헨티나, 베네수엘라, 칠레, 스페인의 여러 출판사, 광고대행사, 잡지출판사에서 일러스트레이터로 일했습니다. 2016년부터 일러스트레이터 리니에르스와 함께 그림에 대한 열정과 유머를 결합한 코미디 공연을 선보이고 있습니다.

옮김 임수진

정치학 박사학위를 받고 대구가톨릭대학교 스페인어중남미학과에서 학생들을 가르치고 있습니다. 민주시민교육에 관심을 가지고 글, 강연, 언론, 소셜 미디어 등을 통해 사람들을 만나고 있습니다. 『알라메다의 남쪽: 칠레 학생운동 일지』, 『똑똑한 기계들 사이에서』를 우리말로 옮겼습니다.

나와 가짜 뉴스

2023년 3월 15일 초판 1쇄 인쇄
2023년 3월 31일 초판 1쇄 발행

글쓴이	네레이다 카리요
그린이	알베르토 몬트
옮긴이	임수진
펴낸이	김상미, 이재민

편집	서현미
디자인	나비

펴낸곳	(주) 너머 _너머학교
주소	서울시 서대문구 증가로20길 3-12 1층
전화	02)336-5131, 335-3366, 팩스 02)335-5848
등록번호	제313-2009-234호

ISBN 979-11-92894-00-3 44300
      979-11-92894-08-9 44330 (세트)

www.nermerbooks.com
너머북스와 너머학교는 좋은 서가와 학교를 꿈꾸는 출판사입니다.